철학은
주사위 놀이다

철학은
주사위 놀이다

저자 _ 김상범

저자 서문

———

프리드리히 니체, 미셸 푸코, 질 들뢰즈, 알랭 바디우, 퀑탱 메이야수, 루이 알튀세르는 위대한 현대 철학자들이지만 이들은 하나의 패러다임으로 묶을 수 있는데, 그것은 '우연의 우선성'이라는 패러다임이다. 더 이상 목적론과 인과율의 그물망에 포획되지 않는, 또는 이러한 그물망을 찢어버리는 '괴물'로서 '우연'의 힘에 대해 이 사상가들은 긍정한다. 이러한 '우연의 긍정'은 '주사위 놀이'로 표현된다. 물론 메이야수는 예외적이지만, 그것은 오히려 메이야수가 주사위 놀이를 절대적으로 우연을 긍정하는 것이 아닌 것으로 보기 때문인 것이다. 물론 전통적인 라이벌인 들뢰즈와 바디우 사이에는 하나의 전선이 있다. 그것은 들뢰즈는 '우연성의 필연성'을 이야기하는 반면에 바디우는 '우연의 우연성'을 주장한다는 것이다. 이것은 일의성의 철학과 이러한 일의성을 부정하는 '복수성의 복수성'의 철학의 대립에 의한 것이다. 바디우는 "우연은 이처럼 복수이며, 당연히 이 복수성은 주사위 던지기의 일의성을 배제시켜버린다."라고 말한다. 이와 같은 "우연들의 우연"은 바디우 철학의 장점인 동시에 단점이 된다.

그러나 들뢰즈와 바디우 모두 우연성을 절대적으로 긍정하는 철학을 전개해야 한다는 데에 이견이 있는 것은 아니다. 바디우 역시 "주사위 던지기의 일의성"을 배제하지만 주사위 놀이 자체를 부정하는 것은 아니다. 그리고 사유는 우연적 사건을 긍정한다는 점에서 주사위 놀이 그 자체이다. 이와 같은 의미에서 '철학은 주사위 놀이이다.'

지금부터 이러한 주사위 놀음이 얼마나 다채로운 철학을 전개하는지 알아보자.

목차

Ⅲ. 기타 철학자들에 있어서
우연과 주사위 놀이

I

우연, 사건, 진리

I. 우연, 사건, 진리

1. 서론: 니체 철학에서 우연

　니체 이후의 현대 철학에서 우연은 적극적으로 사유된다. 왜냐하면, 삶에서 통제가 어려운 우연성을 어떤 목적성이나 인과적·결정론적 필연성에 예속시키는 것이 불가능할 그뿐만 아니라, 윤리적으로 바람직하지도 않기 때문이다. 현대 철학은 우연을 목적성과 필연성이 결여된 불완전한 것이나 이론의 발전으로 극복되어야 할 것으로 보지 않으며, 그 자체로 긍정적인 것으로 사유한다.

　특히 니체는 이러한 현대적 사유의 흐름에서 강조되어야 할 첫 번째 철학자이다. 니체의 《차라투스트라는 이렇게 말했다》는 '중력의 영'과의 투쟁의 서사시라고 볼 수 있는데, 여기서 중력의 영은 참된 필연성으로서 영원회귀의 필연성이 아닌 거짓된 필연성이며 '우연'은 이러한 거짓된 필연성으로서의 '중력의 영'의 영향이 거의 미치지 않는 '하늘'에 위치한다.

　니체는 다음과 같이 쓴다.

　　""만물 위에는 우연이라는 하늘, 순진무구함이라는 하늘, 의외라는 하늘, 자유분방함이라는 하늘이 있다."라고 내가 가르친다면, 그것은 참으로 축복일 뿐 결코 모독은 아니다.

　　우연. 이것이야말로 세계의 가장 오래된 귀족이다. 나는 이 귀족을 만물에 돌려줌으로써 만물을 목적이라는 노예상태로부터 구해 주었던 것이다.

[...] 나는 만물에서 다음과 같은 행복한 확신을 발견했다. 즉 만물은 오히려 우연이라는 발로 춤추고자 하는 것이다.

아, 내 머리 위의 하늘이여, 그대 맑고 맑은 자여! 드높은 자여! 영원한 이성이라는 거미도 이성의 거미줄도 없는 것, 그것이 내게는 바로 그대의 맑음이다.

그대는 신성한 우연들을 위한 무도장이며, 신성한 주사위와 주사위 놀이 하는 자들을 위한 신들의 탁자다! 그것이 내게는 바로 그대의 맑음이다.[1] "

우연은 여기서 무구한 것, 천진난만한 것으로서 그 자체로 고귀한 '귀족'으로서 긍정되고 있으며 '하늘'이라는, '중력의 영'에 의해 왜곡되지 않는 '맑고 맑은 자'에 속해 있다. 또한, 만물은 '우연'이라는 귀족에 의해 목적의 노예 상태로부터 해방된다. '중력의 영'이 상징하는 것은 사회적인 압력의 무거움을 느끼게 하는 힘이다. 즉, 《차라투스트라는 이렇게 말했다》에서 등장하는 당나귀나 낙타가 싣는 짐의 무게를 느끼게 하는 힘이다. 중력의 영은 이와 같은 기성의 가치의 무게를 짊어질 것을 당나귀나 낙타에게 강요한다. 이러한 중력의 영은 당나귀나 낙타에게 피할 수 없는 사회적 필연성으로 다가오지만, 이러한 필연성은 거짓된 필연성이다. 이렇게 거짓된 필연성을 받아들이고 사는 당나귀와 낙타에게 필요한 것은 사회적 목적성이라는 짐을 거부하고 거짓된 필연성의 경로를 이탈하는 우연을 긍정

---

1) 프리드리히 니체, 장희창 역, 《차라투스트라는 이렇게 말했다》, 민음사, 2017, 293~294쪽

하는 권력의지와 중력의 무게를 이기고 날아오를 힘이다.

그렇다면 우연의 긍정은 어떻게 가능한가? 그것은 앞으로 도래할 모든 우연을 단 한 번에 긍정함으로써 가능하다. 이러한 우연의 긍정은 니체에 의해 '주사위 놀이'라는 개념으로 나타나고 있다. 사람들은 한 번의 주사위 던지기에서 모든 우연을 긍정하지 못하기에, 즉 자신이 원하는 주사위 눈이 나오기를 목이 빠지게 기다리기 때문에 놀이에 실패한다. 이 실패한 놀이꾼들은 단번에 모든 주사위 눈을 긍정하지 못하기에 "여러 번의 주사위 던지기, 무수한 주사위 던지기"에 기대한다.[2] 즉 목적하는 주사위 눈이 나오기를 기대하면서 무수한 던지기를 통해 사건들 사이에 인과성을 규정하거나 각각의 사건이 발생할 확률을 계산한다. 그리고 이 실패한 놀이꾼들은 자신이 원하는 수가 나오지 않는 것에 복수심이라는 원한을 갖게 되고, 목적을 이루지 못했다는 것에 대해 자책한다. "주사위 던지기의 반복 속에서의 원한, 그것은 목적에 대한 신념 속에서의 가책"이다.[3]

그러나 수준 높은 놀이꾼들, 진정 놀 줄 아는 자들은 우연을 유보 없이 긍정한다. 오히려 이들에게 있어서 "우주는 목적이 없다는 것, 즉 인식할 원인이 없듯이 소원할 목적도 없다는 것이 바로 제대로 놀이를 하기 위한 확신"이다.[4] 혹자는 이러한 목적도 원인도 없는 삶과 우주라는 개념이 허무주의적이라고 말할 테지만 니체는 삶에는 이러한 목적론과 인과율이 통제하지 못하는 우연이 항상 발생하며 오히려 이러한 삶으로서의 우연을 제거하고 부정하거나 폄하하

---

[2] 질 들뢰즈, 이경신 역, 《니체와 철학》, 민음사, 2008, 64쪽

[3] 《니체와 철학》, 65쪽

[4] 같은 책, 같은 쪽

는 시도가 허무주의적이라고 말할 것이다.

그런데 이러한 모든 우연을 긍정한다는 것은 이러한 우연을 관통하는 필연성을 긍정한다는 것이다. 즉 우연의 긍정은 영원회귀하는, 영원히 다른 모습의 우연적 사건으로 반복되어 나타나는 '생성의 존재'로서 필연성을 긍정한다는 것과 같다. 이러한 '생성의 존재'는 '되돌아오기'를 의미한다. 들뢰즈는 《니체와 철학》에서 다음과 같이 쓰고 있다.

> "되돌아오기는 생성되는 것의 존재이다. 되돌아오기는 생성 그 자체의 존재이고 생성 속에서 긍정되는 존재이다. 생성의 법칙, 정의 그리고 존재로서 영원회귀인 것이다."[5]

이러한 '차이의 반복', '우연 속에서 반복되는 필연성'으로서의 영원회귀는 "주사위 던지기의 반복, 우연 자체의 재생산이자 재긍정"이다.[6] 그런데 니체는 이러한 우연을 재생산하는 것이 쉬운 일이 아님을 강조한다. 우연을 재생산하기, 즉 주사위 던지기를 반복하는 것을 긍정하기 위해서는 과거의 우연이 끊이고 익혀져서 "그 모든 그러했다."가 "내가 그렇게 되기를 원했다."로 바뀌어야 한다.[7] 이러한 끊임과 익힘의 과정을 니체는 '우연의 구제'라고 부른다. 이렇게 과거의 모든 우연이 긍정될 때, 우리는 비로소 미래의 모든 우연을 긍정하고, 따라서 주사위를 한 번 더 던질 수 있다. 한편 니체는 다음과 같이 쓰고 있다.

---

5) 같은 책, 59쪽

6) 같은 책, 66쪽

7) 《차라투스트라는 이렇게 말했다》, 247~248쪽

"파편이며 수수께끼이자 무시무시한 우연인 것을 하나로 압축하
고 모으는 것, 이것이 나의 모든 창작이며 노력이다."[8]

　이렇게 우연을 압축하고 모으는 것은 어떤 필연성을 형성하는 일
이지만, 이 필연성은 영원회귀의 필연성이지 어떤 목적이나 인과율
의 필연성이 아니다. 이성은 인과성과 목적성의 거미줄을 치지만
우연이라는 괴물은 이러한 거미줄을 찢어버린다. 오히려 이러한 거
미줄의 찢어짐, 즉 목적과 인과율로부터의 '이탈'은 필연적이며, 이
것이 바로 영원회귀의 필연성에 속한다. "이성이라는 '난쟁이'들은
의지와 목적을 갖지만, '우연'이라는 […] 거인들에게 괴롭힘을 당
하고 거인들에게 부딪혀 쓰러지고 종종 짓밟혀 죽기도 한다."[9]
　이렇게 우연이 거인으로 그려진 절에서[10] 그 유명한 비유, 즉
"우연의 주사위 통을 흔드는 필연성의 저 철로 된 손"이라는 비유
가 나온다. 니체에 의하면 이 필연성의 손은 "무한한 시간에 걸쳐서
주사위 놀이를 한다."[11] 이러한 필연성의 손은 '생성의 존재', '우
연의 필연'으로서 영원회귀를 상징한다. 니체는 긍정의 권력의지의
작용이 바로 이러한 주사위 던지기에 지나지 않으며, 생성의 존재
가 각각의 생성에 들어맞고 우연의 필연이 각각의 우연에 들어맞듯
이 "이 때 주사위는 그 패가 모든 면에서 완벽하게 합목적적이고 합
리적으로 보이게끔 던져질 것임에 틀림없다."[12] 왜냐하면 '던짐'은
우연의 파편들을 모아서 그것들을 '끓이고 익히는 것', 즉 그것들을
관통하는 영원회귀의 필연성을 발견한 이후에 일어나기 때문이다.

---

8)　《차라투스트라는 이렇게 말했다》, 247~248쪽
9)　프리드리히 니체, 박찬국 역, 《아침놀》, 책세상, 2011, 147쪽
10)　《아침놀》, 130쪽
11)　《아침놀》, 149쪽
12)　《아침놀》, 149쪽

2. 푸코의 고고학/계보학과 우연한 사건들

푸코의 고고학과 계보학은 이렇게 파편과 수수께끼로서 우연한 사건들을 어떤 총체적인 목적이나 필연적인 인과에 종속시키지 않고 하나로 압축하고 모은다. 푸코는 너무나 유명해진 논문 〈니이체, 계보학, 역사〉에서 니체의 《아침놀》의 "우연의 주사위 통을 흔드는 필연성의 저 철로 된 손"[13]이라는 말을 인용하는데, 이러한 인용은 역사의 세계에서 섭리, 목적, 궁극적인 원인을 추방시키기 위해서 이루어진다. 푸코는 다음과 같이 쓴다.

"진정한 역사학은 하나의 사건의 돌발과 필연적 연속성 사이에 의례적으로 확립된 연관관계를 바꿔 놓는다. 순연한 역사적 전통 (신학적이건 이성주의적이건)은 단일한 사건을 하나의 이상적 연속성—하나의 목적론적 운동 내지 자연적 과정으로서—에 용해시키는 것을 목표로 삼는다. 이에 반해 '쓸모있는' 역사학은 사건들을 그것들의 가장 특유한 성격이라든가 가장 예리한 표현이라는 견지에서 취급한다. [⋯] 역사 속에서 작용하는 세력들은 운명이나 규제적 메커니즘에 의해 통제되지 않고 우연한 갈등들에 반응한다. 그 세력들은 근본적인 의도의 계속적 형식을 표현하지 않으며, 그것의 매력도 하나의 결론으로서의 매력이 아니다. 왜냐하면, 그 세력들은 언제나 사건들의 독특한 우연성을 통해 나타나기 때문이다."[14]

---

13) 《아침놀》, 149쪽
14) 미셸 푸코, 〈니이체, 계보학, 역사〉, 347쪽

그런데 '계보학 시기'에 나타난 이러한 우연과 사건에 대한 문제의식은 사람들이 흔히 '고고학 시기'라고 부르는 기간에도 나타난다. 푸코 연구자 허경은 다음과 같이 쓰고 있다.

> "[…] 지식의 고고학은 […] 구조주의적 방법론의 적용이 아니라,
> 역사적 지식의 영역에서 이루어지고 있는 토착적 변형작용의 원리
> 와 결과를 펼쳐 보이는 것이다. 물론 이때 푸코가 말하는 '토착성'이
> 란 결코 초월적인 것이 아닌 것, 곧 '어떤 경우에도 상황 내재적인'
> 변형작용의 원리를 말한다. 이러한 '토착적인' 변형작용의 원리는
> 매시간, 공간마다 매번 다를 수밖에 없다. 지도와 달력을 초월한 원
> 리가 아니라 어떤 경우에도 지도와 달력에 종속된 상황 내적인 원
> 리이다. 푸코는 이렇게 어떤 경우에도 초월적이지 않으며 상황 내
> 적인 특성을 일반성이라 부른다. 이때 일반성은-결코 개별 상황, 곧
> 특수를 포괄 또는 초월하는 '보편성'. 따라서 필연성을 가정하는 보
> 편성이 아닌—우연과 사건에 기초한 토착적 내재성을 지칭하는 푸
> 코의 고유한 용법임을 기억해두어야 한다."[15]

이렇게 우연을 절대적으로 긍정한다는 점에서 푸코는 니체의 후계자라 할 만하다. 푸코에 의하면 권력은 우연을 통제하고자 하지만, 이러한 우연을 장악하려는 모든 시도는 더 많은 우연을 낳기도한다. 역사는 이러한 통제 불가능한 우연의 반복이며, 따라서 역사의 궁극적 의미와 목적은 없고, 더 나아가 헤겔적인 '역사의 종말'은 도래하지 않는다. 그리고 이러한 궁극성과 총체성의 파괴는 역사학자의 무능력이 아니며, 오히려 "분산시킬 줄 아는, 말하자면 분산력

---

15) 허경, 《미셸 푸코의 지식의 고고학 읽기》, 세창미디어, 2016, 70~71쪽

과 주변적 요소들을 해방시킬 수 있는 예민한 시선"[16]의 표현일 수 있다. 이러한 분산은 인간이 과거 사건들을 지배하도록 만들어준 인간 존재의 통일성 자체를 파괴하는 힘이 될 수 있다.

그런데 이러한 '분산'에 의한 파편성과 '파편들의 모음'으로서 우연의 끓임과 익힘은 모순되지 않는가? 이러한 물음에 답하기 위해 우리는 푸코의 《지식의 고고학》을 읽어야 한다. 거기서 푸코는 일관적인 담론적 형성에 대한 분석이 "어떤 의도의, 사유의, 또는 한 주체의 내면성"[17]이 아니라 "외재성의 분산"[18]을 기술하는 것, 더 나아가 모순적으로 들리겠지만, '분산의 체계'를 기술하는 것이라고 말하고 있다. 분산의 체계를 기술하는 것은 니체적으로 말해서 우연들의 파편을 모아 끓이고 익히는 작업이다. 실제로 푸코는 다음과 같이 쓰고 있다.

"[…] 우리의 분석은 분산의 체계(Systèmes de dispersion)를 기술하는 것이다."[19]

푸코에 의하면 담론적 형성은 단순히 언표들만을 형성하지 않으며, 대상/언표행위/개념/테마들을 형성하는데, 이러한 대상/언표행위/개념/테마들은 형성의 규칙들을 따른다. 그리고 이러한 형성의 규칙들은 "담론적 분배(Répartition)에 있어서의 존재의 […] 조건이다."[20] 즉 이러한 형성의 규칙들은 '분산의 체계'를 이룬다. 그리

---

16) 미셸 푸코, 〈니이체, 계보학, 역사〉, 1971, 345쪽

17) 미셸 푸코, 이정우 역, 《지식의 고고학》, 민음사, 181~182쪽

18) 《지식의 고고학》, 182쪽

19) 《지식의 고고학》, 67쪽

20) 《지식의 고고학》, 68쪽

고 동일한 '분산의 체계'로서 형성의 규칙을 공유하는 언표들의 집합을 푸코는 '담론'이라고 정의한다. 그리고 여러 담론을 가로지르는, "언표들의 형성과 변환의 일반적인 체계"[21]를 문서고라고 정의한다. 말하자면 문서고는 언표 가능성의 체계인 것이다.

말하자면 문서고는 파편들을 분산시키는 동시에 하나의 '체계'를 이룬다. 즉 문서고는 '차이'를 생산해내는 체계인 것이다. 그뿐만 아니라 푸코에게 있어서 언표는 '단일한 사건'을 이룬다. 푸코는 《지식의 고고학》의 서두에서부터 언표적 사건의 파열을 불가능하게 하는 '기원의 형이상학'을 비판한다. 푸코에 의하면 이러한 기원의 형이상학은 연속성의 형이상학으로서, 이 형이상학 안에서 시작은 단지 기원에 존재하는 것의 재시작일 뿐이고, 담론은 이러한 명시적인 담론 밑에서 비밀스럽게 현존하는 '말해지지 않은 것'에 근거를 두고 있다. 이러한 '말해지지 않은 것'은 "육체 없는 담론, 숨결과도 같이 말 없는 목소리, 스스로의 흔적에 있어서 구멍일 뿐인 글쓰기"인 것이다.[22]

이러한 연속적 형이상학의 구도 하에서 명시적인 담론은 말해지지 않은 것을 '억압'하면서 현존한다. 그리고 말해지지 않은 것은 명시의 부재 속에서 은밀하게 현전한다. 푸코는 이러한 연속주의를 근본적으로 파괴해야 한다고 말한다. 푸코는 다음과 같이 쓰고 있다.

"사건들의 파열 속에서 담론의 각 순간을 모으는 것. […] 이 시간적 분산 속에서, 책들의 먼지 속에서, 담론을 시원의 먼 현존에 관

---

21) 《지식의 고고학》, 188쪽
22) 《지식의 고고학》, 49쪽

련시키지 말자. 그것을 그의 순간의 놀이 속에서 다루자."[23]

  말하자면 불연속은 지층 내에 단층을 형성하는 커다란 사건들뿐
만 아니라 매번의 언표적 사건들 속에서 존재하는 것이다. 그뿐만
아니라 담론의 명시성은 언표가 비은폐적이라는 것을 말해주는 것
이다. 언표는 항상 잠재태나 현실의 밑에 잠복해 있는 것이 아니라
현실적으로 표현되는 것이다.
  푸코는 이렇게 현실적으로 언표된 것이 언제나 '언어적 요소들
의 무제한적인 조합 체계'[24]에 의해 생성될 수 있는 것에 비해 크
게 부족하다고 말한다. 이것이 '언표의 희박성'이다. 그리고 푸코는
이러한 언표의 희박성이 억압에 의해서가 아니라 "현존들의 제한
된 체계"[25]에 의해서 이루어진다고 말한다. 말하자면 이러한 제한
으로서의 배제는 억압이나 억제와는 상관이 없으며, 명시적인 언표
밑에 억압된 무의식이나 억압된 텍스트는 존재하지 않는다. 푸코는
다음과 같이 쓰고 있다.

  "우리는 명시적 언표들 아래에 은폐된 무엇이 숨겨져 있다고 생
  각하지 않는다. 우리는 언표들을 가능한 출현의 선 아래에 머물러
  있는 다른 언표들의 자리에 존재하는 것으로서가 아니라 언제나 그
  들의 고유한 자리에 존재하는 것으로서 분석한다. […] 그 아래에는
  어떠한 텍스트도 없다. 따라서 어떠한 충일성도 없다. 언표적 영역

---

23) 《지식의 고고학》, 50쪽
24) 《지식의 고고학》, 173쪽
25) 《지식의 고고학》, 173쪽

은 전적으로 그의 고유한 표면에 존재한다."[26]

물론 미셸 푸코는 《담론의 질서》라는 텍스트에서 담론적 질서에 의한 배제의 외부적 과정 중에 '금지'가 있다고 말하면서 이러한 제한의 억압적 성격을 인정하는 듯하지만, 《성의 역사 1》에서 이러한 '억압의 가설'은 완전히 기각된다.[27] 또한 《담론의 질서》에서도 배제의 외부적 과정 중 '금지'와 '분할'이 세 번째 체계로서 진실과 거짓의 대립에 의해 '불확실해지고 또 약화되고 있다[28]'고 말하고 있다.

그런데 《담론의 질서》에서 담론의 질서에 의한 우연의 지배와 통제가 다루어지고 있다는 점에서 이 텍스트는 매우 중요하다. 푸코는 다음과 같이 쓰고 있다.

"모든 사회에서 담론의 생산은—담론의 권력과 위험을 제거하고 예측 불가능한 사건을 제압하며 […] 위험한 물질성을 회피하는 역할을 수행하는—일련의 절차들을 따라 동시에 통제·선별·조직·재분배된다."[29]

푸코는 외적인 통제의 과정, 즉 "배제의 외부적 과정"으로 금지, 분할, 진실과 거짓의 대립을 말하고 있는데, 그에 의하면 담론 내적

---

26) 《지식의 고고학》, 173~174쪽
27) 푸코는 성의 역사 1권에서 다음과 같이 쓰고 있다.
    "성에 관한 담론, 형식과 대상에 따라 서로 다른 특수한 담론들이 끊임없이 확산되었다. 18세기부터 이를테면 담론의 발효가 가속화되었다 (미셸 푸코, 이규현 역, 《성의 역사 1-지식의 의지》, 나남출판, 24쪽)."
28) 미셸 푸코, 허경 역, 《담론의 질서》, 세창출판사, 2020, 31쪽
29) 《담론의 질서》, 21쪽

인 통제도 있다. 즉 담론에 의한 담론의 통제 말이다. 이 내적인 절차들은 "사건과 우연이라고 하는 담론의 또 다른 차원을 지배"[30] 하는 과정이다. 이렇게 담론을 희박화하는 내적인 절차들에는 주석, 저자 기능, 분과 학문(Disciplines)이 있다.

먼저 주석은 담론들 사이에 차등화를 유발하며, 이러한 차등화는 1차 텍스트와 2차 텍스트의 구분으로 나타난다. 그런데, 푸코에 의하면 이러한 차등화를 통해서 항상 우연을 통제할 수 있는 것은 아니며, 1차 텍스트가 우연에 의해 사라져버리고 남은 주석으로서 2차 텍스트가 우위를 차지하는 경우도 있다. 그렇지만 푸코는 이러한 차등화 작용을 근본적으로 삭제하려는 시도는 놀이, 즉 "존재하지 않는 작품에 대해 무한히 말하는 어떤 비평의 놀이"[31]로서 보르헤스적 놀이이고 이 놀이는 유토피아 속에서만 가능하다고 말한다. 푸코는 이 보르헤스적 놀이에 대해 다음과 같이 쓰고 있다.

> "이는 매번 절대적으로 새롭고 순수한 지점으로부터 다시 태어나는 담론, 각각의 사물·감정·생각으로부터 전혀 새로운 모습으로 끊임없이 다시 나타나는 담론이라는 서정적 꿈이다."[32]

그러나 이는 1차 텍스트와 2차 텍스트의 관계를 폐기하는 것이 아니라 "관계 항 중 하나를 무효화"[33]하는 것이다. 1차 텍스트와 2차 텍스트의 '어긋남'의 관계는 새로운 담론을 무한히 구축할 수 있

---

30) 《담론의 질서》, 35쪽
31) 《담론의 질서》, 37쪽
32) 《담론의 질서》, 37쪽
33) 《담론의 질서》, 38쪽

게 하지만 "주석의 무한한 웅성거림은 은밀한 되풀이라는 하나의 꿈을 따라 내부로부터 행해진다."[34] 즉 담론의 우연은 우선으로 '주석'이라는 동일성이 반복되는 놀이를 통해 제한된다.

담론이 내적으로 담론의 우연을 통제하는 두 번째 절차는 '저자'라는 '기능'이다. 저자는 담론의 분류원칙이자, 의미작용의 기원이며 동시에 정합성의 근원이다. 즉 저자는 텍스트의 통일성과 텍스트를 가로지르는 의미작용을 드러내주는 하나의 원리이다. 그뿐만 아니라 저자는 텍스트와 실제 역사적 현실 그리고 텍스트와 개인의 심리적 현실 사이를 매개하는 매개자이다. 이런 의미에서 "저자는 허구라는 불안정한 언어작용에 통일성, 정합성의 매듭, 현실 세계 안으로의 삽입 등을 가능케 해주는 것"이다.[35] 따라서 담론의 우연은 두 번째로 '저자'라는 자아와 개별성을 생산해내는 정체성의 놀이를 통해서 제한된다.

반면에 분과 학문의 원칙은 주석의 원칙이나 저자의 원칙과 대립하는 방식으로 우연을 통제한다. 분과 학문은 익명적 체계를 이룬다는 점에서 저자의 원칙과 대립되며 주석과는 달리 새로운 명제를 허용한다.

이렇게 새로운 명제를 허용해도 모든 참인 명제가 분과 학문에 등록될 수 있는 것이 아니며, 엄격한 조건을 만족시켜야 한다. 멘델은 진리를 말했지만, 멘델의 연구 대상, 방법론, 연구의 이론적 지평이 동시대의 생물학이 받아들이지 않는 것이었기에 진지한 명제로서 받아들여지지 않았다. 《지식의 고고학》의 용어를 빌려 말하자면, 멘델은 동시대 생물학적 담론의 '담론적 형성의 규칙'의 외부에

---

34) 《담론의 질서》, 39~40쪽

35) 《담론의 질서》, 42쪽

있었기에, 생물학에서 진지한 참인 것으로 받아들여지는 데에 오랜 시간이 필요했던 것이다. 즉 멘델의 명제들이 수용되기 위해서는 "전적으로 새로운 생물학적 대상 평면의 전개, 전적인 층위의 변화"가 필요했다.[36] 이와 같은 의미에서 야생적 외부성의 공간에 있는 언표는 그것이 참이더라도 인정받지 못하며, 특정 담론 '경찰'의 규칙들을 준수할 경우에만 진지한 언표로서 수용된다.

푸코는 이러한 담론을 연구하기 위한 네 가지의 방법론적 원칙을 천명한다. 그것은 전복, 불연속, 특정성, 외재성의 원칙이다. ① 전복은 우리가 담론의 생산을 촉진하는 것으로 생각해왔던 저자의 원리나 주석의 원리 등에서 담론을 희소하게 만들고 그 안에서 분할을 행하는 통제적 원리를 발견해야 함을 의미한다. ② 불연속은 이러한 희소한, 그래서 파편화고 불연속적인 담론들의 배후에 명시적 담론에 의해 억압되는 연속적인 암묵적 거대 담론이 존재함을 부정하는 것이다. ③ 특정성의 원칙은 담론이 특정한 시간, 특정한 공간에서 형성된 것이므로 우리의 인식의 틀에 맞게 담론을 재단해서는 안 된다는 것이다. 말하자면 특정한 시공간의 세계는 "우리의 인식과 공모 관계에 있지 않다."[37] ④ 외재성의 원칙은 담론의 내부에 숨겨진 의미의 핵 또는 의미작용의 중심을 찾으려 해서는 안 되고 "담론 가능성의 외재적 조건들 곧 이 사건들의 우발적 계열을 발생시키고 경계를 확정하는 어떤 것"[38]을 찾아내야 한다는 것을 의미한다.

이와 같은 의미에서 푸코의 방법은 우연성 혹은 우발성의 긍정임

---

36) 《담론의 질서》, 48쪽
37) 《담론의 질서》, 72쪽
38) 《담론의 질서》, 73쪽

을 알 수 있다. 사람들은 아날학파의 공로가 우연적인 개별적인 사건들을 극복하고 장기 지속의 구조를 발견한 데에 있다고 말하지만, 푸코는 아날학파의 실제 작업이 사건을 피해 가지 않으며 표층과 심층에서 새로운 사건의 층위를 발견해왔다고 말한다. 다만 불연속적 사건들을 '계열화'해서 바라본다는 점이 아날학파의 특징인 것이다. 푸코는 다음과 같이 쓰고 있다.

> "그러나 중요한 것은 역사가 오직 하나의 사건이 속해 있는 계열의 규정, 그 계열이 의존해 있는 분석양식의 특화, 현상의 규칙성 및 현상의 출현 가능성이 갖는 한계에 대한 인식에의 추구, 곡선의 변양, 변경, 속도에 대한 탐구, 이 곡선이 의존해 있는 조건의 규정에 대한 희구를 통해서만 사건을 바라본다는 것이다."[39]

이런 의미에서 들뢰즈는 푸코의 '언표' 개념이 바로 이러한 특이점들을 잇는 곡선의 형성을 뜻한다고 말한다. "언표는 특이점들을 이어주는 곡선이다."[40] 그런데 들뢰즈의 이러한 푸코 해석은 어떤 문제점을 은폐하고 있다. 왜냐하면, 들뢰즈의 체계 내에서 '특이점'은 '이념' 혹은 '이념적 사건'과 관계된 것으로서 순수하게 잠재적인 것인 데에 반해 언표는 철저히 현실적인 것이라서 언표는 순수사건으로서 이념적 사건이 될 수 없기 때문이다. 그런데 푸코에 의하면 언표는 그 자체로 하나의 '사건'이다. 게다가 푸코는 이러한 언표적 사건을 '이념적 사건', '비물체적 사건'으로 보고 있다. 푸코는 다음과 같이 쓰고 있다.

---

39) 《담론의 질서》, 75쪽
40) 질 들뢰즈, 허경 역, 《푸코》, 그린비, 2019, 136쪽

"사건은 물체의 질서에도 속하지 않는다. […] 사건은 물질적 요소들의 선택, 축적, 교차, 분산, 공존, 관계 안에 자신의 장소를 가지며, 또 이런 작용들을 따라 구성된다. 사건은 결코 어떤 물체의 속성 또는 작용이 아니다. 사건은 물체적 분산작용 안에서 또한, 그 효과로서 생성되는 어떤 것이다. 사건의 철학은 어떤 비물체적인 것의 유물론이라는 일견 역설적 방향을 향해 나아간다고 말해두자."[41]

이러한 푸코의 주장은 상당히 들뢰즈의 영향을 받은 것인데, 들뢰즈는 《의미의 논리》에서 이 비물체적인 것을 '이념적인 것' 또는 '잠재적인 것'으로 이야기하고 있다. 이것은 언표적 사건이 현실적인 것이라는 푸코의 주장과 모순된다. 들뢰즈의 주장은 조금 있다 다루기로 하자. 어쨌든 푸코는 《담론의 질서》 6장을 사건의 불연속성과 "사건 생산의 범주"로서 확률을 강조하고 계열들의 요소 사이에 기계적 인과성이나 관념적 필연성에 의한 연결이 불가능함을 보임으로써 또한, 이러한 불가능성의 간극에 우연, 불연속, 물질성을 도입해야 한다고 말하면서 끝맺고 있다.

이러한 푸코의 주장은 고고학과 계보학 사이에 단절이 존재하는 것이 아니라 일관성이 존재함을 보여준다. 왜냐하면, 고고학에서와 마찬가지로 계보학에서도 "사건은 […] 분산작용 안에서, […] 생성되는 어떤 것"이며 계보학에서도 "분산적 관점"[42]이 필요하기 때문이다.

---

41) 《담론의 질서》, 77쪽
42) 〈니이체, 계보학, 역사〉, 345쪽

3. 들뢰즈와 사건의 철학

3.1 《차이와 반복》과 사건의 철학

　푸코는 또한 "순간들을 파열시키면서 주체를 가능한 기능들 및 위치들의 다수성으로 분산시키는" 휴지(Césure)에 대해서 말하고 있는데, 이것도 들뢰즈의 《차이와 반복》에서 따온 것이다. 들뢰즈는 시간의 세 번째 종합이자 가장 근원적인 종합으로서 '시간의 텅 빈 형식'에 따른 종합을 이야기하는데, 이 시간의 텅 빈 형식은 시간의 내용을 이루던 주기적 운동의 바로 그 주기를 파괴한다. 왜냐하면, 시간은 더 이상 사물의 주기적 운동에 의해 측정되지 않으며 사물의 운동에 대해 독립적이기 때문이다. 햄릿에 의하면 "시간의 축은 빗장이 풀려 있다."[43] 그리고 들뢰즈에 의하면, 이 빗장이 풀린 시간은 "미친 시간"으로서, 즉 가장 급진적인 변화의 불변의 형식으로서 칸트적 의미의 시간의 텅 빈 형식에 상응한다. 이렇게 시간이 주기적 운동에 의해 측정되지 않으므로 시간은 기수적이지 않고 서수적이며, 이것이 시간의 순수한 순서이다(사실 주기적인 운동 속에서 시간의 순서는 의미가 없고 단순한 원환적 형태의 반복이 된다). 이 순서 속에서 주기가 파괴되므로 시적인 의미에서 각운이 파괴되어 휴지(Césure)가 나타난다. 이러한 휴지의 등장은 푸코가 말하는 것처럼 사건의 불연속성을 보여줄 그뿐만 아니라 이 사건의 이미지는 시간 전체를 회집하는 능력을 가진다. 이 사건은 3.2에서 설명할 용어를 따르면 '대문자사건'이다. 그리고 이 '휴지'로서 대문자사건의 일관성은 모든 자아의 일관성을 파괴하면서

---

43) 질 들뢰즈, 《차이와 반복》, 민음사. 2011, 208쪽에서 재인용

유지된다. 따라서 푸코의 말대로 '휴지'를 통해 주체가 "다수성으로 분해"[44]된다. 또한, 이 일관성은 다른 모든 것의 일관성 또한 파괴하기에 시간의 텅 빈 형식을 통해 "전적인 새로움"을 도입한다. 즉 '미래'의 반복으로서 영원회귀가 되는 것이다.

이렇게 '사건'은 가장 근원적이고 중요한 시간의 세 번째 종합으로서 '미래'의 반복인 영원회귀를 설명하는 《차이와 반복》의 2장 〈대자적 반복〉의 가장 중요한 부분에서 등장할 그뿐만 아니라 3장 〈사유의 이미지〉, 4장 〈차이의 이념적 종합〉, 5장 〈감성적인 것의 비대칭적 종합〉에서도 등장한다.

들뢰즈에게 있어서 '이념'은 하나의 '문제'인데 이러한 문제는 "사건과 변용들의 질서"에 관련[45]된다. 그런데 이러한 사건은 개체와 인칭 속에서 현실적으로 구체화된 사건이 아닌 '이념적 사건'이다. 이러한 '이념적 사건'의 표현으로서 현실적 사건이 경험적인 '해들의 질서'에 속한다면 이 이념적 사건은 문제의 질서에 속한다. 이념=문제가 그 자체로 이념적 사건인 것은 문제 제기적 이념이 그 자체로 특이점을 방사하기 때문이다. 놀랍게도 들뢰즈는 《차이와 반복》에서 이러한 이념이 '플라톤적 이데아'라고 말하고 있지만 동시에 이러한 이데아들이 "실존하는 것의 돌발 가능한 상황들"[46]과 관련되어 있다고 말한다.

들뢰즈의 '이념'의 중요한 특성은 그것이 내생적으로 완결된 규정성을 가진다는 것이다. 놀랍게도 들뢰즈는 이러한 문제의 내생적으로 완결된 규정성이 수학자들, 그중에서도 아벨과 갈루아에 의해

---

44) 《차이와 반복》, 210쪽

45) 《차이와 반복》, 359쪽

46) 《차이와 반복》, 360쪽

발견되었음을 밝힌다. 우리는 문제의 '참됨'을 그것의 해결 가능성을 통해 정의하려고 하지만, 이 둘은 이념=문제의 내적 특성을 통해 이념=문제의 해결 가능성을 규정했다. 이것은 이념을 경험적 대상과의 유비를 통해 규정 가능한 것으로, 지성의 개념들을 통해 이상적으로 규정되는 것으로 파악하는, 즉 이념을 이념 외부의 것에 의존하는 것으로 파악하는 칸트의 외생주의를 극복한 것이다. 이념=문제는 그 자체 안에서 완결된 규정이 가능할 그뿐만 아니라 이념=문제의 해결 가능성은 이념=문제의 내적 특성에 의존한다. 들뢰즈에 의하면 아벨과 갈루아는 다음과 같이 주장했다.

> "[…] 해결 가능성은 문제의 형식에서 비롯되어야 한다. 하나의 방정식이 일반적으로 해결 가능한지 무턱대고 찾아 나서는 대신, 해결 가능성의 장들을 점진적으로 한정해 가는 문제들의 조건들을 규정해야 하고, 이런 규정 과정을 통해 '언표가 해의 싹을 포함'하는 수준에 이르러야 한다. 바로 여기서 문제—해 관계의 급진적 전복이 일어나고 있다."[47]

이를 통해 아벨과 갈루아는 5차 이상의 방정식이 대수적 해법을 갖지 않음을 증명했다. 이것은 철학에 있어서 칸트의 코페르니쿠스 혁명보다 훨씬 대단하고 중요한 혁명이라고 들뢰즈는 말한다. 갈루아의 이론을 알아봄으로써 이러한 들뢰즈의 주장을 이해해보자. 들뢰즈는 갈루아에 대해 다음과 같이 쓰고 있다.

> "즉 기초가 되는 어떤 '체(R)'로부터 출발하여 이 체에 어떤 것들

---

47) 《차이와 반복》, 393쪽

을 계속하여 부가하여 얻어진 체들(R', R'', R'''···)에 의해 가능한 대입과 치환들이 점진적으로 제한되고, 이로써 한 방정식의 근들이 점점 더 정확하게 식별될 수 있다."[48]

그런데 갈루아에 의하면 이러한 대입과 치환이 제한될 수 있는가의 여부, 그래서 방정식의 근들이 정확하게 식별될 수 있는지는 경험적으로 규정되는 것이 아니고, 우선적으로 처음의 체(R)에 대응하는 대입과 치환의 군이 Solvable[49]하느냐의 여부에 달려 있다. 그런데 5차 이상의 방정식에서 처음의 체에 대응하는 대입과 치환의 군은 모든 대입과 치환을 모아놓은 군인 S_n인데, $n \geq 5$일 때, S_n은 Solvable하지 않다. 따라서 5차 이상의 방정식의 대수적 해법이 존재하지 않는다.

이처럼 대수적 해법이 존재하지 않는다는 것을 갈루아는 논증하므로, 들뢰즈는 갈루아의 이론이 우리가 알고 있는 것에 관하여 이야기하는 것이 아니라 "우리가 알지 못하는 것의 객관성"[50]에 대해 이야기한다고 말한다.

이처럼 문제의 해결 가능성은 문제의 내적 특징에 의해 내생적으로 규정된다. 또한 들뢰즈에 의하면 문제의 이념적 사건은 완결되게 규정되지만 이러한 이념적 사건은 현실적 사건들로 분화할 때 어떤 현실적 사건으로 나타날지는 미규정적이다. 이념적 사건으로서의 특이점들의 분배 혹은 방사는 그것의 현실화까지는 규정하지 못하는 것이다. 이러한 현실화로서 분화의 과정은 개체화와 극화의 과정을 거친다.

---

48) 《차이와 반복》, 393~394쪽

49) 군 G가 Solvable하다 ⇔ 군 $H_0,...H_n$이 존재해서 H_i가 H_{i+1}의 정규부분군이고, $H_0 = \{e\}, H_n = G$를 만족하며 H_{i+1}/H_i가 단순가환군이다.

50) 《차이와 반복》, 394쪽

강도적 개체화의 과정은 다질적인 계열들의 짝짓기와 함께 시작하는데, 이것은 '어두운 전조'라는 '즉자적 차이'의 매개에 의해 이루어진다. 이러한 짝짓기와 함께 언제나 제 자리에 없는 '대상=x'의 역할을 하는 어두운 전조에 의해 계열들의 공명과 소통이 이루어지고 이를 통해 '체계'로서 강도적 개체가 발생한다. 더 나아가 기존의 계열을 넘어서는 진폭을 가진 '강요된 운동'이 흘러넘친다. 이를 통해 시공간적 역동성이 체계를 가득 채운다. 하나의 체계는 이러한 조건 아래에서 질로 채워지고 연장 속에서 전개된다. 그리고 이러한 조건 아래서 강도는 시공간적 역동성을 통해 질과 연장을 생산해낸다. 그리고 "질이라는 것은 […] 기호 또는 사건, 서로 다른 강도들 사이에서 번쩍이는 기호 또는 사건, 그리고 자신을 구성하는 차이가 사라지는 데 필요한 시간 동안 지속하는 기호 또는 사건과 다른 것이 아니다."[51] 즉 이러한 조건 아래에서 '번개'와 같은 현실적 사건으로서 '기호'가 생성된다. 들뢰즈는 '기호'에 대해서 다음과 같이 쓰고 있다.

"차라투스트라는 그의 '기호'를 때로는 너무 가까운 곳에서, 때로는 너무 먼 곳에서 수신한다. 그리고 마지막에 이르러서야 적당한 거리를 예감한다. […] 기호들은 연극의 참된 요소들이다. 기호들은 단어, 몸동작, 등장인물 […] 아래에서 작용하는 자연과 정신의 역량들을 증언한다. 기호는 실재적 운동에 해당하는 반복을 의미하며, 이 점에서 […] 거짓 운동에 해당하는 재현과 대립적 관계에 있다."[52]

---

51) 질 들뢰즈, 박정태 역, 《들뢰즈가 만든 철학사》, 이학사, 2007, 495쪽
52) 《차이와 반복》, 73쪽

기호들은 연극의 참된 요소들이므로, 이러한 기호들은 이념의 '극화'와 깊은 연관이 있다. 이념의 '극화'란 '시공간적 역동성'을 담고 있는 기호 또는 현실적 사건을 통해 이념을 연장과 질로 현실화하는 것이다. 이러한 '기호'가 담고 있는 시공간적 역동성은 "어떤 진동, 회전, 소용돌이, 중력들, 춤 또는 도약들"[53]일 수 있다. 그리고 시공간적 역동성은 '기호'가 강도적 장에서 탄생하듯이 강도적 장에서 탄생한다.

"이러한 역동성들은 언제나 역동성들 자신들이 일어나는 어떤 장을 가정한다. […] 이 장은 강도적이다."[54]

그리고 들뢰즈는 강도가 "시공간적 역동성 안에서 직접 표현되고"[55], 강도가 이념을 시공간적 역동성을 통해 질과 연장 속에 구현하는 역할을 함으로써 '극화'를 수행한다고 말한다. 그리고 이러한 강도는 이념의 잠재력에 근거를 두고 있기는 하지만 다양한 질과 연장 속에서 이념을 분화시킨다는 점에서 상당한 자율성을 발휘한다. 즉 이념적 사건이 현실적 사건으로 분화하는 데에 강도가 상당한 역할을 하는 것이다.

또한 '감성적인 것의 존재'로서 강도는 들뢰즈의 사유론에 있어서도 중요한 역할을 차지한다. 들뢰즈의 '기호'는 현실적 사건을 의미한다. 그런데 이러한 현실적 사건 중에서도 '강도'와 마주치게 하는 기호로서의 현실적 사건이 존재한다. 이러한 '강도'는 감성적 존재

---

53) 《차이와 반복》, 41쪽
54) 《들뢰즈가 만든 철학사》, 493쪽
55) 《차이와 반복》, 523쪽

자가 아니라 감성적인 것의 '존재'로서 경험적 차원의 감성으로는 감각 불가능한 것이지만 동시에 감각밖에 될 수 없는 것이다. 들뢰즈는 우리의 진정한 사유가 이러한 '강도'와의 우연한 마주침으로부터 발생한다고 말한다. 이러한 강도와의 우연한 마주침으로서의 사건은 감성에 폭력을 행사하고, 이러한 감성에 폭력을 가하는 강도는 경험적 차원의 감성으로 감각 불가능하기에 강도는 감성을 초월적 실행(Exercice Transcendant)으로 나아가게 된다.

이러한 '강도'와 마주치게 하는 '기호'는 영혼을 당혹하게 만들며, 따라서 하나의 '문제'를 제시한다. 그리고 이러한 '문제'에 의해 비자발적 기억'이 호출된다. 경험적 기억 능력으로서는 기억할 수 없는, 그러나 오직 선험적 기억 속에서 '상기'되어야 하는 대상이 도래하게 되는 것이다. 이러한 '문제'는 순수사유에도 전달되며 이번에도 대상은 경험적 사유에는 파악될 수 없지만, 사유되어야 할 것이다. 이처럼 각각의 인지 능력의 경험적 한계와 자신의 초월적 실행 속에서 성취해야 할 바의 간극에 의해 각각의 인지 능력은 역설감(Para-sense)에 빠지게 되며, 역설적이게도 모든 인지 능력이 역설감을 가지게 되므로 이러한 역설감을 통해 각각의 인지 능력은 소통하게 되고 '불일치의 일치'에 도달한다. 즉 다른 능력을 호출하는 능력이 요청하는 바에 호출되는 능력은 경험적으로는 도달할 수 없지만, 그래서 '불일치'가 발생하지만, 역설적으로 이 '경험적으로 도달할 수 없음'으로써, 역설감에 모든 능력이 빠짐으로써 모든 능력이 소통하는 것이다. 그리고 각각의 인지 능력은 초월적 실행 속에서만 인지할 수 있는 '초월적 대상'을 가진다. 이와 같은 의미에서 "감각되어야 할 것에서부터 사유되어야 할 것에 이르기까지 개봉되고 전개되는 것은 사유하도록 강요하는 폭력이다."[56]

그리고 이러한 사유하도록 강요하는 것과 사유의 만남은 우연적이다. 그리고 사유의 필연성은 이러한 우연과 반대되는 것이 아니라 사유가 "이 세계 속에서 불법 침입에 의해 우연히 태어날수록 절대적으로 필연적인 것이 된다."[57] 그리고 이렇게 '기호' 혹은 '강도'에 의해 설정되는 '문제'를 들뢰즈는 '이념'이라고 부른다. 이런 식으로 우리는 우연한 마주침을 통해서 선험적 '이념'에 필연적으로 도달하고 "어떠한 예정된 목적지도 가정하지 않는"[58] 이러한 우연에 의해 역설적으로 우리는 필연적 진리에 도달하는 것이다. 반면에 예정된 목적지가 있는 철학의 진리들에는 역시 역설적으로 "필연성과 필연성의 표식이 결여되어 있다."[59]

들뢰즈에 의하면 이념은 본질이 아니라, "사건, 변용, 우연들 쪽에 있다."[60] 갈루아의 이론에서 체에 어떤 것들을 부가해서 계속 새로운 체를 구성하는 방식을 통해서 방정식의 해를 점점 더 정확히 식별하지만 우리는 이렇게 어떤 것이 부가되어 새로운 체가 구성되는 것을 비본질적인, 사건의 파편을 모으고 종합하는 것이라고 말할 수 있다.

"이념은 보조 방정식들 안에서, 부가된 체들 안에서 전개되고, 이념의 종합 능력은 이 부가된 체들을 통해 측정된다. 그리하여 이념

---

56) 《차이와 반복》, 313쪽
57) 《차이와 반복》, 310~311쪽
58) 《차이와 반복》, 323쪽
59) 질 들뢰즈, 서동욱·이충민 옮김, 《프루스트와 기호들》, 민음사, 2016, 143쪽
60) 《차이와 반복》, 408쪽

적 영역, 그것은 비본질적인 것이다."[61]

들뢰즈에 의하면 본질보다 중요한 것은 평가나 할당, 즉 독특한 것과 규칙적인 것, 특이한 것과 평범한 것의 할당이라고 말한다. 그리고 이러한 평가와 할당은 이념으로서의 문제를 규정하고, 하나의 이념적 사건을 나타낸다는 점에서 문제는 본질보다는 비본질적인 것과 깊은 관련을 맺는다. 들뢰즈는 이와 같은 비본질적인 것으로부터 이념적 사건을 구성하는 절차를 vice-diction이라고 부른다. 이러한 vice-diction의 두 절차는 부가된 체들의 명시와 독특성들의 응축이라고 들뢰즈는 말한다. 체에 부가되는 것들은 "문제를 단번에 해결 가능하게 만드는 미래적이거나 과거적인 이념적 사건들의 파편"[62]이며 이러한 파편들을 모음으로써 이념적 사건을 구성해야 한다고 들뢰즈는 말한다. 그뿐만 아니라 들뢰즈는 특이성들의 응축, 즉 "모든 상황, 용해점, 빙점, 응결점들"의 하나의 카이로스의 순간으로의 응축이 필요하다고 말한다. 이러한 이념적 사건들로 종합된 파편들과 응축된 특이성들은 카이로스의 순간을 통해 하나의 문제에 대한 해답으로서 폭발한다. 들뢰즈는 다음과 같이 쓰고 있다.

"해는 이 숭고한 기회를 통해 돌발적이고 맹렬하며 혁명적인 어떤 것처럼 작렬한다. 어떤 이념을 갖는다는 것은 여전히 이런 것이다. 말하자면 각각의 이념은 사랑과 분노의 두 얼굴을 가지고 있다. 파편들의 모색, 점진적 규정, 이념적으로 부가된 체들의 연쇄 안에서 볼 때 이념은 사랑이다. 반면 독특성들의 응축 안에서 볼 때

---

61) 《차이와 반복》, 408쪽
62) 《차이와 반복》, 413쪽

이념은 분노이다. 이 응축은 이념적 사건에 힘입어 '혁명적 상황'
의 축적을 정의하고, 현실적인 것 안에서 이념이 터져 나오게 만든
다."[63]

들뢰즈는 그뿐만 아니라 '이념'='문제' 자체가 정치성을 띤다고 말
한다. 들뢰즈는 《천 개의 고원》에서 본질에 대한 질문에 의한 정
리적(Théorematique) 과학으로서 왕립 과학과 사건과 변용에 의
한 문제-설정적 과학으로서 유목 과학을 구분한다. 예를 들어 유목
적 기하학에서 도형은 변용의 관점에서, 즉 "절단, 삭제, 부가, 투
영"[64] 등 변용의 관점에서 다루어진다. 이러한 유목적 과학은 유
에서 종으로 나아가거나 본질을 추구하지 않고 항상 문제를 조건
짓는 이념적 <사건=변용>과 문제의 해로서의 현실적 <사건=변용>
을 규정짓는 방향으로 나아간다. 들뢰즈는 다음과 같이 쓰고 있다.

"여기서 말하는 사건에는 온갖 종류의 변형, 변환, 극한으로의
이행 등이 포함되는데, 이러한 조작 속에서 각각의 도형은 본질
이 아니라, 하나의 "사건"을 나타내게 된다. […] 정리가 이성의 질
서를 따르는 데 반해 문제는 변용태의 차원에 속하는 것으로서 과
학 자체의 다양한 변신이나 발생, 창조와 불가분의 관계에 놓여 있
다."[65]

《천 개의 고원》에서 들뢰즈는 더 나아가 그 자체로서 이념적

---

63) 《차이와 반복》, 413쪽
64) 질 들뢰즈, 펠릭스 가타리, 《천 개의 고원》, 새물결출판사, 2003, 693쪽
65) 《천 개의 고원》, 693쪽

사건을 포함하고 현실적 사건들을 생산해내는 유목 과학의 이념=
문제가 그 자체로 하나의 혁명적 전쟁 기계였다고 말한다. 왕립 과
학과 유목 과학의 차이는 정치적인 차이였던 것이다. 이것은 "사건
으로서의 문제를 중점적으로 고찰"[66] 한 17세기 수학자 데자르그
에 대한 왕립 과학의 억압에서도 잘 드러난다.

3.2 《의미의 논리》에서 사건의 철학

여기서는 《의미의 논리》에서 개진된 사건의 철학을 기술한다.
들뢰즈에 의하면 존재의 일의성은 순수사건(이념적 사건)들 속에서
반복되는, 그 안에서 모든 순수사건(이념적 사건)이 소통하는 대문
자사건을 통해 확보된다. 즉 들뢰즈에게 있어 존재=대문자사건인
것이다. 대문자사건은 매번 다른 순수사건을 통해 자신을 표현하
기 때문에 영원회귀한다. '존재'로서의 대문자사건이 언표되는 대상
은 동일하지 않지만, 이 '존재'=대문자사건이 "언표되는 모든 것에
대해 존재는 동일한 것이다."[67] 그리고 이러한 일의적 존재는 "불
가능한 것, 가능한 것, 현실적인 것을 위한 하나의 유일하고 동일한
존재"[68] 이다. 그뿐만 아니라 존재의 일의성은 일어나는 것과 언
표되는 것을, 즉 물체들의 부대물과 명제에 의해 표현되는 것을, 즉
다른 말로 하면 사건과 의미를 '존재'로서 대문자사건이 일의적으
로 관통하게 된다는 것을 의미하는 것으로 이를 통해 일의성은 사
건과 의미의 동일성을 보여준다. 또한, 일의성은 순수언표와 순수

---

66) 《천 개의 고원》, 700쪽

67) 질 들뢰즈, 이정우 역, 《의미의 논리》, 한길사, 2015, 304쪽

68) 《의미의 논리》, 305쪽

사건으로 표현되며 일의적 존재는 명제 안에 내속하며 물체들에 부대한다. 그리고 일의성은 놀랍게도 형이상학적 표면 속에, 즉 언어의 내적 표면과 물체의 외적 표면이 접촉하게 되는 평면(곡면)에 자리한다.

이것은 대문자사건이 우발점으로서 그 자체로 무의미하지만 모든 사건=의미를 생산해냄을 의미한다. 앞에서 강도들이 계열화되듯이 순수사건 혹은 이념적 사건은 계열화되며 대문자사건은 모든 계열을 돌아다니며 계열들을 소통시키고 특이성들의 "모든 재분배에 명령을 내리는 심급-X"[69] 로서 '빈칸'에 해당하는 '우발점'이다. 문제는 특이점들에 의해 규정되지만, 물음은 우발점에 의해 규정된다.

라이프니츠는 계열들의 수렴에 의해 공가능성을, 계열들의 발산에 의해 불공가능성을 정의하는데, 이러한 공가능성과 불공가능성은 사건들 사이의 양립가능성과 양립불가능성을 나타내며 이러한 사건들 사이의 양립불가능성은 개념들의 모순에 선행하는 것이며 양립불가능성이 개념들의 논리적 모순을 설명한다. 이런 의미에서 들뢰즈는 라이프니츠가 '비논리적 양립불가능성'에 대한 최초의 이론가이자 사건에 대한 최초의 이론가라고 말한다.

그러나 들뢰즈는 라이프니츠가 양립불가능성을 '부정'과 '배제'를 위해 사용했다는 점에서 라이프니츠를 비판한다. 라이프니츠는 이러한 양립불가능성을 선언(Disjunction)의 배제적이고 부정적인 사용을 통해 "사건들 서로를 배제하기 위해서"[70] 사용한다. 그런데 들뢰즈는 이러한 선언의 배제적이고 부정적인 사용 이외에도 긍정적인 사용도 존재한다고 말한다. 여러 사건의 '차이'와 '거리'

---

69) 《의미의 논리》, 129쪽
70) 《의미의 논리》, 293쪽

를 긍정하는 사용이다. 들뢰즈는 니체가 바로 이러한 선언의 긍정
적 사용을 보여주었다고 말한다. 니체는 병과 건강의 대립 속에서
동일성을 발견한 것이 아니라 오히려 병과 건강 사이의 '거리'와 '차
이'를 긍정했다. 들뢰즈는 다음과 같이 쓰고 있다.

> "병을 건강의 탐구로, 건강을 병의 연구로 삼는 것. […] 우리는
> 대립자들을 동일화하지 않는다. 그들을 관련 맺게 하는 그들 사이
> 의 거리를 긍정할 뿐이다."

그리고 이러한 '차이'와 '거리'는 사건들 사이의 소통 수단이 된
다. 사건들의 계열은 서로 발산함을 통해서만 공명하고 소통하는
것이다. 그뿐만 아니라 각각의 사물은 이와 같은 '차이'와 '거리'의
긍정, 그리고 이러한 '거리' 속에서의 소통에 의해 "무한한 술어들
에로 자신을 개방"[71] 하는 것이고 이렇게 무한한 술어들에로 자신
을 개방한다는 것은 사물이 자기동일성을 상실한다는 것을 의미한
다. 이것은 사물이 자신의 동일성을 유지하기 위해 특정 술어들을
배제하는 것과 상반된다. 즉 "술어들의 배제는 사건들 사이의 소통
으로 대체된다."[72] 이렇게 술어들이 배제되지 않고 사건들이 소통
하므로 선언은 진정한 의미의 긍정적 종합이 된다. 이 '선언'에 의한
종합의 과정은 대문자사건으로서 우발점이 수립되는 과정이다.

> "이 과정은 발산하는 것들로서의 발산하는 계열들을 주파하고 또
> 그들의 거리에 의해, 그들의 거리 안에서 공명하게 하는 외짝의 두

---

71) 《의미의 논리》, 296쪽
72) 《의미의 논리》, 296쪽

얼굴을 가진 우발점, 즉 일종의 역설적 심급의 수립에 있다. 그래서 수렴의 비물질적 중심은 본성상 항구적으로 탈중심화되며, 발산을 긍정하는 데에만 기여하게 된다."[73]

그리고 이러한 선언적 종합에 의해 칸트적 의미의 '이념'으로서 자아, 세계, 신은 발산하는 계열들 속에서 "공통의 죽음"을 맞이한다. 이러한 선언적 종합에 의해 수립되는 대문자사건의 일관성에 의해 자아, 세계, 신의 비일관성이 터져 나오는 것이다.

이러한 긍정적 종합으로서의 선언에 의해 대립적 사건들까지도 서로를 '표현'하게 되고, 서로 양립가능하게 되는 것으로 보인다. 이제 양립불가능성은 잠재적인 순수사건들 사이의 관계가 아니라 그것이 개체나 인칭, 세계 속에 현실적으로 구현될 때 발생한다.

그런데 개체는 어떻게 모든 사건을 소통시키는 대문자사건에 도달할 수 있는 것일까? 앞에서 살펴보았듯이 개체는 현실적 사건과의 우연적인 폭력적 마주침을 통해 순수사건 또는 이념적 사건에 도달할 그뿐만 아니라 그 마주침을 통해 자기 자신을 근본적으로 변형하게 될 때, 그 순수사건의 아들이 된다. 그리고 이렇게 "발생하는 것에 의해 태어나는"[74] 개체는 자신에게 속하지 않는 다른 모든 사건과의 거리 속에서 이 다른 사건들에 자신을 개방하고 다른 모든 사건을 긍정하며 "그렇게 함으로써 다른 사건들에 함축된 모든 다른 개체들을 통과함으로써"[75] 대문자사건을 추출하게 된다. 이것은 개체들이 다른 모든 특이성이 응축하는 "거울"이 될 때 이

---

73) 《의미의 논리》, 296~297쪽
74) 《의미의 논리》, 302쪽
75) 《의미의 논리》, 302쪽

루어진다.[76] 이런 의미에서 영원회귀는 "표면적인 응축"에 대한 이론이며, 순수사건이 다른 모든 순수사건을 가로질러 자기 자신으로 돌아옴을 뜻한다. 이렇게 다른 모든 순수사건을 가로지른다는 것은 개체가 모든 차이와 거리를 긍정하고 이 차이와 거리를 탐구한다는 것을 뜻한다.

앞에서 본 것처럼 존재의 일의성에 의해 사건과 의미는 동일하며 사건=의미는 표면 속에 존재한다. 그러나 이 표면 속의 실존은 연약해 보인다. 그렇기에 기성의 논리학자들은 의미를 지시작용이나 현시작용이나 기호작용으로 환원하려고 했다.

지시는 명제를 하나의 사물의 상태에 관계 지음으로써, 즉 말을 이미지들과 연합시키고 이러한 이미지 중에서 사물의 상태의 주어진 복합체에 상응하는 것을 선택하고 선별함으로써 작동한다. 그렇기에 지시작용은 '그것은 이것이다.' 또는 '그것은 이것이 아니다.' 와 같은 형태로 나타난다. 이처럼 지시작용은 '이것, 저것, 그, 여기, 저기, 어제, 지금'[77]과 같은 형식적 지시자들을 통해 작동한다.

현시작용은 명제와 물리적 혼합물로서 사물의 상태를 연합시키지 않고 반대로 명제와 주체를 연결시킨다. "현시는 명제와 상응하는 욕구와 신념의 언표를 통해 스스로를 드러낸다."[78] 이러한 현시에 의해서 비로소 지시할 수 있게 되는데 왜냐하면, '나'라는 기본적인 현시자가 있어야 앞에서 말한 형식적 지시자가 기능할 수 있기 때문이다.

---

76) 《의미의 논리》, 301쪽

77) 《의미의 논리》, 63쪽

78) 《의미의 논리》, 64쪽

기호작용은 말들과 개념들을 연결 짓는다. 이러한 기호작용에서 명제의 요소들은 개념적 함축의 기표가 된다. 명제가 논증의 요소가 되는 것도 바로 이러한 기호작용을 통해서이다. 지시작용에 형식적 지시자, 현시작용에 기본적인 현시자가 있다면, 기호작용에는 기본적인 기표로서 '함축하다'와 '그러므로'를 갖는다.

들뢰즈에 의하면 파롤의 관점[79]에서는 현시작용이 기호작용을 앞서지만 소쉬르적 구조주의자들이 말하는 '랑그'의 차원[80]에서는 기호작용이 현시작용을 앞선다고 말한다. 왜냐하면, 나의 욕구나 신념은 개념들과 개념적 함축들 그리고 객관적인 '기표'가 없으면 무의미한 것으로 남아있을 것이기 때문이다.

따라서 논리적으로 보면 기호작용이 현시작용보다 앞서 있고, 현시작용이 지시작용에 앞서 있으므로 기호작용이 지시작용에 앞서 있어야 한다. 그런데 들뢰즈는 순수한 기호작용의 질서, 즉 순수함축의 질서는 결국 실제 사태와 마주치지 못한다고 주장한다. 그러나 결론이 참이 되기 위해서는 명제를 그것이 지시하는 사태와 관련지어야 한다. 만약 A, B라는 전제로부터 순수한 기호작용만으로 사태를 지시하는 명제 Z에 도달하기 위해서는 명제 C, 즉 "A, B가 진(眞)이라면 Z가 진이다."라는 명제가 요청되고 C 또한 "A, B, C가 진이라면 Z가 진이다."라는 명제 D를 요청하며, 이와 같은 과정이 무한히 계속되기 때문에 전제들을 "하나의 사태(사물의 상태)에

---

79) 파롤이란 개별적인 발화를 의미한다.

80) 랑그란 사회적 차원의 언어적 규약의 체계를 의미한다. "랑그는 공동체 구성원들 사이에 맺어진 일종의 계약으로만 존재합니다(페르디낭 드 소쉬르, 김현권 옮김, 《일반언어학 강의》, 지식을 만드는 지식, 2012, 31쪽)." 이러한 사회적 규약의 체계로서 랑그는 '기표'들의 '차이'에 의해 개념이 구성되는 양상을 보인다.

관련시키기 위해 순수함축의 질서에서 우선 벗어나야 한다."[81] 이와 같은 의미에서 기호작용에서 결론이 참이 되기 위해서는 사태와 마주쳐야 하는데 이러한 사태와 마주치기 위해서는 지시작용의 선행성이 요청된다.

이와 같은 방식으로 지시작용, 현시작용, 기호작용은 하나의 원환 속에서 어떤 것도 최종적으로 다른 것들을 앞서지 못한다는 것을 알게 되었다. 그렇다면 명제의 다른 차원으로서 '의미'의 차원이 독립적으로 요청되는 것 아닐까? 지시작용은 명제를 진과 위로 구별하지만 이러한 진과 위의 구별은 먼저 의미가 있어야만 가능하다. 즉 지시작용은 의미를 전제로 한다. 의미는 현시작용에 의해 궁극적으로 정초되는 것도 아닌데, 왜냐하면 앞에서도 보았듯이 현시작용은 기호작용을 전제로 하기 때문이다. 또 기호작용은 지시작용을 전제로 하므로 의미는 이 명제의 세 차원에 의해 정초되지 않으며 오히려 의미는 이 세 작용에 선행한다.

이런 의미에서 "의미는 명제의 네 번째 차원이다."[82] 우리는 다른 작용에 의해서가 아니라 즉각적으로 의미의 차원에 존재하게 된다. "우리는 '단번에' 의미 안에 자리 잡는다."[83] 그리고 앞에서 보았듯이 사건과 의미 사이에는 동일성이 성립한다. "의미는[…] 명제 속에 내속하거나 존속하는 순수사건이다."[84]

들뢰즈에 의하면 후설은 바로 이 의미의 차원, 즉 "심리적 체험, 정신적 표상, 나아가 논리적 개념"[85]으로 환원되지 않는 순수의미

---

81) 《의미의 논리》, 69쪽
82) 《의미의 논리》, 74쪽
83) 《의미의 논리》, 87쪽
84) 《의미의 논리》, 74쪽
85) 《의미의 논리》, 76쪽

의 차원을 발견했으며 그것이 작용을 가하지도 받지도 않는 중성적인 것이라고 주장했다. 특히 후설은 '지각적 노에마'를 하나의 감각적인 소여나 성질이 아닌, 지각작용에 주어지지 않는 "객관적이고 비물체적인 통일체"[86]라고 주장했다. 들뢰즈는 이런 의미에서 후설이 지각적 노에마를 순수사건으로, 하나의 '표면효과'로 규정했어야 한다고 말한다. 후설은 '노에마적 핵'이 "의식의 양상들과 명제의 이 정립적 특성"으로부터 독립된 것이라고 말했지만, 이 핵은 술어로서 이해될 뿐, 동사로서 이해되지 않기 때문에 개념으로서 이해될 뿐 사건으로 이해되지 않는다. 그렇기에 후설에 있어,

> "대상에 대한 의미의 관계는 어떤 것=x에 대한 노에마적 술어들
> 의 관계로부터 파생된다."[87]

즉 후설의 철학은 자기동일성을 결여한, 역설적 심급으로서 '순수사건'으로부터 시작하지 않고 경험적 대상의 동일성을 파괴시키지 않으며 더 나아가 이러한 동일성을 굳건히 정초하는 토대로서 상식(sens commun)과 양식(bon sens)의 능력에서 출발해서 발생을 설명하려고 한다. 말하자면 후설은 doxa를 Paradoxa가 아니라 Urdoxa에 기초 지웠고, 이 Urdoxa는 각각의 믿음의 양상들을 생산하며, 각각의 능력들의 공통 감각(sens commun)이 된다.

결국 후설은 가장 근원적인 의미의 차원을 기호작용, 지시작용, 현시작용의 차원과 혼동하는 것인데, 왜냐하면 노에마적 핵은 '개념'을 의미하기 때문에 기호작용을, 의미와 관계하는 규정 가능하

---

86) 《의미의 논리》, 76~77쪽
87) 《의미의 논리》, 185쪽

고 개별화된 대상은 지시작용을, ‘Urdoxa’라는 인칭적 의식으로서 선험적 주체를 가정한다는 점에서 현시작용을 건드린다. 따라서 들뢰즈는 후설이 “우리가 표현과 구분하고자 했던 이 다른 차원들(지시, 현시, 기호작용)과 그것의 ‘표현’을 혼동함으로써 모든 개념을 뒤범벅으로 만들게 했다.”[88] 라고 비판한다.

반면에 들뢰즈는 사르트르를 칭찬하는데, 왜냐하면 사르트르가 말하는 ‘선험적인 장’은 비인칭적인 장으로서, 인칭적 주체는 이러한 선험적인 장으로부터 ‘발생’하는 존재이기 때문이다. 들뢰즈는 사르트르의 이 ‘선험적인 장’의 논의를 발전시켜, 이러한 선험적인 장을 형이상학적 표면으로서, 참된 선험적 사건으로서의 특이성의 장으로서, 선험적인 의미의 장으로서 규정한다. 이러한 순수사건의 장, 의미의 장으로서 선험적인 장은 “인칭적인 것의 형태만이 아니라 ‘기호작용과 관련해’ 일반적인 것의 형태와 ‘지시작용과 관련해’ 개체적인 것의 형태를 배제해야 한다.”[89]

들뢰즈는 사르트르와 달리 이 선험적인 장이 의식의 지배를 거부한다고 말한다. 왜 그런 것일까? 왜냐하면, 이 선험적인 장은 개체와 인칭에 선행하는 것으로서 이처럼 개체의 관점이나 인칭의 형식이 존재하지 않는다면 의식에 의한 통일과 이를 통한 종합은 불가능하기 때문이다. 이 전개체적이고 비인칭적인 선험적인 장은 특이성들이 방출되는 표면이다. 그리고 들뢰즈는 선험적인 장으로서 표면 속에서 특이성들의 분배가 바로 ‘유목적인 분배’라고 말한다. 이 유목적인 분배는 ‘로고스(Logos)’의 분배와 구분되는 ‘노모스(Nomos)’의 분배이다. 로고스의 분배는 상식이나 양식을 할당

---

88) 《의미의 논리》, 187쪽
89) 《의미의 논리》, 188쪽

의 원리로 가지며 "분배된 것 자체를 할당"[90] 한다. 말하자면 로고스의 분배는 공간을 '소유지'나 배타적 영토로 분할하는 것을 의미한다. 이것은 철학적으로 보았을 때 존재를 "재현의 요구에 따라서 배당"[91] 하는 것으로 볼 수 있다. 반면 일의성의 분배로서 노모스의 분배, 유목적 분배가 존재한다. 유목적 분배에서의 공간은 열린 공간이며 이러한 열린 공간 안에서 특이성들 스스로가 자신을 분배한다. 이것은 모든 사물이 '일의적 존재 안에서' 할당되며 일의적 존재는 모든 존재자에게 동등하게 현전하는 것으로 볼 수 있다. 이런 의미에서 이러한 분배는 어떤 영토나 소유지, 즉 정주의 조건을 파괴한다는 점에서 '방황의 분배'이다. 선험적인 장 속에서의 특이성들의 분배로서 '유목적 분배'는 의식의 종합과 재현에 의한 "고정적이고 정주적인 분배"와는 상반되는 것이다.

특이성=의미는 전개체적이고 비인칭적인 것으로서 개체와 인칭을 발생시키는 것이다. 들뢰즈는 의식에 의한 종합을 극복할 수 있는 것은 바로 이 "4인칭 단수"로서 특이성=의미=순수사건이라고 말한다. 이러한 특이성들은 유목적인 특이성들로서 다양한 개체와 인칭을 돌아다니면서 익명적이고 비인칭적이며 전개체적인 성질을 유지한다.

들뢰즈는 선험적인 것을 의식으로 규정하고자 했던 형이상학과 칸트의 선험철학을 동시에 비판한다. 이들은 우리에게 양자택일을 강요했다. 즉 '개체나 인칭에 사로잡힌 특이성'과 '차이도 성질도 없는 미분화된 심연' 중에서 하나를 택하기를 말이다. 그런데 들뢰즈는 전개체적이고 비인칭적인 특이성들의 선험적인 장을 제시함으

---

90) 《차이와 반복》, 103쪽
91) 《차이와 반복》, 104쪽

로써 이러한 협박을 극복한다.

"더 이상 무한한 존재의 고정된 개별성(유명한 신의 불멸성) 안
에도, 또 유한한 주체의 정주적 경계선 […] 안에도 사로잡히지 않
은 노마드적 특이성들, 개체적이지도 인칭적이지도 않은, 그럼에도
특이한, 결코 미분화된 심연이 아닌 어떤 것"[92]

"그것은 이 자유로운 특이성, 개체화의 질료들과 인칭성의 형식
들에 관계없이 인간들, 식물들, 동물들에 돌아다니는 익명적이고
유목적인 특이성이다."[93]

이제 '순수사건'의 특이성들의 선험적인 장으로부터 어떻게 개체
와 인칭, 일반 개념이 출현하는지, 그 정적 발생의 구조를 살펴보도
록 하자. 들뢰즈에 의하면 '개체' 이전에 특이성들의 계열들이 존재
하고 이 계열들이 수렴할 때 하나의 세계가 구성된다. 이렇게 '수렴'
을 통해 구성되는 세계는 공가능성에 의해 선별된 특이성들의 체계
를 내포한다. 그리고,

"그리고 이 세계 내에서, 체계의 얼마간의 특이성들을 선별하고
내포하는, 이 특이성들을 그들 자신의 신체가 구현하는 특이성들과
조합하는, 또 특이성들을 보통점들의 선분들 위에 펼치는, […] 개
체들이 구성된다."[94]

---

92) 《의미의 논리》, 201쪽

93) 《의미의 논리》, 202쪽

94) 《의미의 논리》, 205쪽

정적 발생은 '효과화'라고도 불리는데, 효과화의 첫 번째 층위는 바로 이러한 개체 발생의 층위이다. 말하자면 개체는 "그들이 내포하는 특이성들의 이웃 관계를 통해 구성된다."[95] 그런데 라이프니츠에 의하면 이렇게 효과화된, 즉 '표현'된 세계가 개체의 밖에 존재하는 것이 아니라 개체들 안에서 술어로서 실존한다. 그러나 라이프니츠에 의하면 신은 죄인 아담을 먼저 만든 것이 아니라 아담이 죄를 짓는 세계를 먼저 창조했다. 즉 특이성들의 계열로서 '세계'가 먼저 존재하는 것이다.

그리고 이렇게 라이프니츠의 '모나드'로서의 개체는 세계의 모든 특이성들을 표현하지만, "각 모나드의 신체와 조합되는 특이성들만을 '명석하게' 표현한다."[96] 그리고 각각의 모나드들의 신체는 물질적 혼합물을 형성하며 술어들은 혼합물의 질서를 나타낸다. 즉 "아담이 사과를 먹는다."에서 "사과를 먹는다."라는 술어는 아담과 사과의 물리적 혼합을 나타낸다. 이러한 개체의 분석적 술어들은 혼합물의 질서를 개체의 신체로 번역해 옮긴다. 그렇다면 '이성을 가짐'이라는 술어는 어떠할까? 놀랍게도 스토아학파는 이성을 하나의 물체로 여긴다.[97] 스토아학파는 실재적인 인과관계에 들어갈 수 있는 모든 것들을 '물체'로 보았다. 예를 들어 "영혼이 부끄러움이나 공포를 느낄 때 신체는 각각 붉은색으로 변하거나 창백해진다."[98] 그러므로 스토아학파에게 있어서 부끄러움이나 공포 등은

---

95) 《의미의 논리》, 209쪽

96) 《의미의 논리》, 208쪽

97) 들뢰즈는 다음과 같이 쓰고 있다. "이성은 스토아학파가 말했듯이 한 동물 신체 내로 확장되어 그를 관통하는 물체이다(《의미의 논리》, 210쪽)."

98) Long, A.A, D.N, Sedley, *The Hellenistic Philosophers: Volume 1*, Cambridge: Cambridge University Press, 1987, 78.7~79.2

육체적인 것이다.

그리고 이러한 술어들은 "종과 유들, 속성들과 집합들에 대한 어떤 논리적 검토도 함축하지 않는다."[99] 즉 술어들은 아직 일반성을 동반하지 않으며 술어들 사이에 일반성에 따른 위계도 존재하지 않는다. 들뢰즈에 의하면 명제 안에서 다른 술어의 주어의 역할을 하는 술어가 존재할 때만 그 술어가 다른 술어보다 일반적이다. 말하자면 효과화의 첫 번째 층위에서 술어들은 위계 없이 "동등한 직접성"[100]을 갖는다. 예를 들어,

> "이 장미는 이 장미의 붉음을 가지지 않고서는 붉지 않다. 이 붉음은 이 붉음의 색을 가지지 않고서는 색이 아니다."[101]

그런데 주체(주어)로서의 인칭은 발산하는 계열들을 가로질러 개체들이 동일화될 때 발생한다. 불공가능한 세계들은 "발생적 요소들의 애매한 기호"에 의해 발생하는 객관적으로 미규정적인 특이성들을 포함한다. 이 애매한 기호에 의해 발생하는 미규정적인 특이성들은 서로 다른 세계 속에서 다른 방식으로 규정성을 얻고, 예를 들어 '주어'로서 '아담'은 이러한 객관적으로 미규정적인 특이성들(ex. 최초의 인간임)을 통해서만 정의된다. 즉 개체는 분석적 술어에 의해 서술되지만, '인칭'은 이러한 미규정적인 술어들을 통해 '정의'된다.

---

99) 《의미의 논리》, 211쪽
100) 《의미의 논리》, 210쪽
101) 《의미의 논리》, 210쪽

"결국, 모든 세계에 공통된 어떤 것 = x, 모든 대상 = x는 '인칭들'
이다. 그들은 술어들에 의해 정의되지만, 이 술어들은 더 이상 하나
의 세계 안에서 규정되어 있으며 이 개체들의 서술을 시행하는 개
체들의 분석적 술어가 아니다. 이들은 인칭들을 종합적으로 정의하
는 술어들이며, 그들에게 변수들이나 가능성들로서의 상이한 세계
들과 개별성들을 여는 술어들이다." [102]

그리고 이러한 종합적 술어들의 총합이 바로 하나의 '주어'
로 기능하므로, 앞에서 개체의 발생에서와 달리 일반성의 정도
가 수립되며, 일반개념이 탄생하게 된다. 즉 계속적인 "종별화
(Specification)" [103] 를 통해 일반성의 위계가 성립하게 된다. 이러
한 일반 개념의 외연은 집합을 이루고 내포는 속성을 이룬다. 그리
고 이 집합과 속성들은 세계에 따라 변한다는 면에서 변수를 이루지
만 인칭 자체는 하나의 원소만을 가진 집합이고, 이러한 인칭을 정
의하는 술어는 하나의 상수이다. 들뢰즈는 다음과 같이 쓰고 있다.

"결국, 에덴동산은 붉은 장미를 포함할 수 있지만, 다른 세계들
[…] 안에 붉지 않은 장미들, 장미 아닌 꽃들이 존재한다. 변수는 집
합들과 속성들이다. 이들은 첫 번째 층위의 개별적 복합체들과 완
전히 구분된다. 즉, 속성들과 집합들은 인칭의 질서 안에서 정초되
는 것이다." [104]

---

102) 《의미의 논리》, 214쪽
103) 《의미의 논리》, 215쪽
104) 《의미의 논리》, 215쪽

따라서 존재론적 정적 발생은 두 단계로 나뉘는데, 그것은 개체 발생이라는 양식/일방향의 과정과 인칭, 일반적 개념, 집합과 속성을 발생시키는 상식/공통 감각의 과정이다.

① 왜냐하면, 양식/일방향이 의미하는 것은 엔트로피가 증가하는 방향으로 세계가 나아간다는 것이고, 물리학적 의미에서 엔트로피가 증가한다는 것은 포텐셜 에너지가 현실화되면서 가장 낮은 층위로 하락하는 것을 의미하며, 이러한 현실화는 특이점이 보통점으로 이루어진 선들을 통해 뻗어 나간다는 것, 즉 특이점들을 잇는 곡선을 그린다는 것을 의미하기 때문이다.

"양식/일방향의 핵심은 하나의 특이성을 지니고 있다는 점이며, 그 결과 이 특이성을 그에 의존하지만, 또한 그것을 내쫓거나 희석시키려는 보통의 규칙적인 점들로 이루어진 모든 선 위에 뿌린다." [105]

② 두 번째 단계가 상식/공통 감각에 상응하는 것은 상식/공통 감각이 동일성의 형식, 즉 주체의 동일성을 유지하는 형식이기 때문이다.

이상이 존재론적 정적 발생이었다면 이제부터 논리학적 정적 발생을 살펴보자. 논리학적 정적 발생이란 의미=순수사건이 기호작용, 현시작용, 지시작용의 순환 구조 속에서 표현된다는 것을 의미한다. 들뢰즈에 의하면 "이 구조는 […] 의미에 의존한다." [106] 그리고 의미의 차원은 기호작용, 현시작용, 지시작용의 층위가 아닌,

---

105) 《의미의 논리》, 156쪽
106) 《의미의 논리》, 221쪽

즉 명제의 층위가 아닌 이 작용들을 파생시키는 '표면'으로서 선험적인 장의 층위에 있다. 이 순수사건, 이념적 사건의 층위가 바로 《차이와 반복》에서 보았던 이념='문제'의 층위이다. '문제'는 논리학적 정적 발생을 일으키는 '발생적 요소'를 가지고 있다. 그리고 이러한 '문제'에 대한 해(解)로서 명제는 출현한다. 들뢰즈는 그런데 이러한 '문제'와 '해'로서 명제는 본성상의 차이를 가지고 있으며, 따라서 '해'이자 조건 지어진 것으로서의 명제의 이미지를 통해 '조건'으로서 문제를 생각해서는 안 된다고 말한다. 예를 들어 문제를 '명제들의 가능성의 형식'으로 규정지을 때, "우리는 의미를 기호작용과 혼동하는 것, 또 조건 지어진 것의 이미지에 따라서만 조건을 생각하는 것이다."[107] 이렇게 명제의 이미지에 따라서 문제를 규정지을 수 없으므로 문제는 명제와 유사하지 않으며 이념적 사건은 현실적 사건과 유사하지 않다.

또한, 이러한 '조건'으로서의 문제가 정확한 이념적 사건을 구성하지 못할 때, 문제는 거짓 문제가 된다. 즉, "조건들이 불충분하게 규정되거나 역으로 과잉 규정될 때 문제는 그릇된 문제"[108] 이다. 이러한 조건의 규정은 앞에서 보았던, 과거와 미래의 파편화된 사건 조각들을 모아서 정확한 이념적 사건을 구성하고, 특이점들을 응축하는, 즉 "압축하고 침전시키는"[109] 공간을 구성하는 작업이다. 따라서 "문제의 시공간적 자기 결정"[110] 이 존재하며 갈루아와 아벨에서 보았듯이 문제의 해결 가능성은 문제 자체에 의해 규정된

---

107) 《의미의 논리》, 214쪽
108) 《의미의 논리》, 222쪽
109) 《의미의 논리》, 222쪽
110) 《의미의 논리》, 222쪽

다. 이와 같은 '시공간적 자기 결정'이 하나의 정확한 이념적 사건을 구성하게 되면 이러한 문제는 진리이다. 이것이 들뢰즈의 독특한 진리론이다. 즉 들뢰즈에게 있어서 영원한, 보편적인 진리는 '문제'로서 순수사건이다.

4. 사건으로서의 진리

조 부스케(Joe Bousquet)는 다음과 같이 말한다.

"내 상처는 나 이전에 존재했으며, 나는 그것을 구현하려고 태어 났다."[111]

이러한 조 부스케의 언표는 부스케가 자신의 몸에 상처가 깊이 새겨진 것에 대한 원한과 분노를 극복했다는 것을 의미한다. 어떻게 이것이 가능했을까? "내 상처는 나 이전에 존재했다."라는 부스케의 말에서 우리는 힌트를 얻을 수 있다. 부스케는 상처를 개체나 인칭에 국한된 술어로 보지 않았고 영원한 진리로서의 전개체적이고 비인칭적인 순수사건으로 이해했다는 것을 보여준다. 이와 같은 전개체적이고 비인칭적인 순수사건을 혼합된 물체들의 세계로부터 추출하는 것을 들뢰즈는 효과화에 반대된다는 의미에서 역효과화 (contre-effectuation)라고 말한다. 이와 같은 역효과화는 우리가 개체와 인칭을 넘어서게 한다는 점에서 "요컨대 세계 시민이 되는 것"[112] 이라고 볼 수 있다.

물론 나에게 불행이 일어날 수 있다. 그러나 이러한 불행에 대해 한탄하며 사건에 대한 원한을 갖는 것은 어리석은 일이다. 들뢰즈는 다음과 같이 말하고 있다.

---

111) 《의미의 논리》, 259쪽에서 재인용
112) 《의미의 논리》, 260쪽

"우리에게 일어나는 일을 받을 자격이 없는 자가 되지 말라. 반면, 자신에게 발생하는 일을 불공정하고 부적격한 것으로 받아들이는 것 […] 바로 이것이 […] 사건에 대한 원한을 가져온다."[113]

그러나 이것은 불행에 대한 체념이나 인내를 하라는 의미가 아니다. "체념/인내가 여전히 원한의 형상(Figure), 즉 사실 그만큼의 형상들을 가진 원한일 수 있는 것은 충분히 가능하다."[114] 오히려 영원히 다른 모습으로 반복되는, 즉 영원회귀하는 순수사건에서 기존의 현실화된 사건들과는 전혀 다른 어떤 모습을 발견하는 것이다. 이런 의미에서 순수사건으로의 역효과화는 "전쟁이 전쟁에 대립하는 지점, […] 죽음이 다른 모든 죽음에 반해 바람으로 뒤집힌 죽음이 되는 지점에까지 이른다."[115]

이와 같은 의미에서 순수사건의 구현으로서 사고는 나에게 불행일 수 있다. 그러나 순수사건은 이러한 기존의 구현된 불행을 파괴하는 힘을 가지고 있고, 이런 의미에서 순수사건은 의지의 대상이 된다. 들뢰즈는 다음과 같이 쓰고 있다.

"모든 사건 안에는 나의 불행이, 그러나 또한 그 불행을 말려버리는, 의지의 대상으로 만들어 사건을 그 정점, 그 분절선 위에서 효과화되게 만드는 빛남과 파열이 존재한다는 것 […] 사건의 파열, 빛남은 바로 의미이다. 사건은 발생하는 것, 즉 사고가 아니다. 사건은 발생하는 것에 있어 우리에게 신호하고 우리를 기다리는 순수

---

113) 《의미의 논리》, 260쪽
114) 《의미의 논리》, 260쪽
115) 《의미의 논리》, 260쪽

표현된 것이다."[116]

    이러한 순수사건의 영원한 진리는 우리를 원한으로부터 해방된, 완전히 다른 사람으로 만들 수 있기에, 우리는 이러한 순수사건의 아들이 될 수 있다. 들뢰즈는 다음과 같이 쓰고 있다.

> "우리에게 발생하는 것을 받을 가치가 있는 존재가 되는 것, 그래서 그것을 원하고 그로부터 사건을 이끌어내는 것, 그 고유한 사건들의 아들이 되는 것, 그리고 그렇게 함으로써 다시 태어나는 것, 탄생을 다시 이룩하는 것, 그 살의 탄생과 분리되는 것."[117]

---

116) 《의미의 논리》, 261쪽
117) 《의미의 논리》, 261쪽

참고 문헌

미셸 푸코, 허경 역, ≪담론의 질서≫, 세창출판사, 2020

미셸 푸코, 이정우 역, 《지식의 고고학》, 민음사, 2001

_____, 이광래 역, 〈니이체, 계보학, 역사〉, 《미셸 푸코》, 1989

질 들뢰즈, 이경신 역, 《니체와 철학》, 민음사, 2008

_____, 박정태 역, 《들뢰즈가 만든 철학사》, 이학사, 2007,

_____, 이정우 역, 《의미의 논리》, 한길사, 2015

_____, 김상환 역, 《차이와 반복》, 민음사, 2011

_____, 서동욱·이충민 옮김, 《프루스트와 기호들》, 민음사,
        2016

_____, 펠릭스 가타리, 《천개의 고원》, 새물결출판사, 2003

프리드리히 니체, 장희창 역, 《차라투스트라는 이렇게 말했다》,
        민음사, 2017

_____, 박찬국 역, 《아침놀》, 책세상, 2011

페르디낭 드 소쉬르, 김현권 옮김, 《일반언어학 강의》,
        지식을 만드는 지식, 2012

허경, 《미셸 푸코의 지식의 고고학 읽기》, 세창미디어, 2016

Long, A.A, D.N, Sedley, The Hellenistic Philosophers:
Volume 1, Cambridge: Cambridge University Press, 1987

Ⅱ

들뢰즈와
주사위 놀이

Ⅱ. 들뢰즈와 주사위 놀이[118]

1. 서론: 진은영의 문제 1

하늘을 향해 주사위들은 던져지고, 이렇게 던져진 주사위들은 땅을 향해 떨어진다. 이와 같은 과정이 반복된다.

혹자는 들뢰즈의 이 '주사위 놀이'에 대한 논의가 지엽·말단적인 것에 대한 집착이라고 냉소할지 모르겠지만, 사실 '주사위 놀이'의 이해는 들뢰즈의 사유를 이해하는 데에 있어서 필수적이다. 들뢰즈는 실제로 《차이와 반복》에서 "존재론, 그것은 주사위 놀이"[119]라고 말하고 있다. 그런데 이 '주사위 놀이'에 대해 한국의 많은 학자는 주목을 결여했거나 틀린 해석을 내놓았다. 특히 진은영은 자신의 책 《니체, 영원회귀와 차이의 철학》에서 니체-들뢰즈의 주사위 놀이에 대해 다음과 같이 풀어 설명한다.

> "처음 던졌을 때 4는 상대방의 앞선 숫자인 5와 이어질 경우 패배를 의미하지만, 만일 상대방의 2에 이어 또다시 4가 나온다면 이때는 역전을 의미한다. 이 경우 두 개의 4는 전혀 다른 숫자이며 따

라서 동일한 4가 아니다." [120]

　말하자면 '4<5'이지만 '4+4>5+2'라는 주장이다. 이러한 언표에 의하면 과거의 수는 현재 나의 승리의 조건에 영향을 미치고 또한 과거가 현재에 영향을 미치는 만큼 현재의 수는 미래의 나의 승리의 조건에 영향을 미친다. 말하자면 '사건'은 계열화됨으로써 의미를 부여받는다는 것이다. 이렇게 진은영의 주사위 놀이에서 과거, 현재, 미래는 연속한다. 실제로, 여기서 규칙은 연속적이다. 진은영은 《니체, 영원회귀와 차이의 철학》에서 '이시적 상호인과성'을 주장하며 원인과 결과 사이의 상호의존성을 주장한다. 진은영은 이러한 상호의존성의 주장에서 중요한 것은 현재가 과거에 영향을 미친다는 점이라고 항변할 테지만, 어쨌든 상호의존성의 주장에 의하면 과거는 현재에 영향을 미치며, 현재는 미래에 영향을 미친다. 그런데 들뢰즈는 이처럼 과거, 현재, 미래가 연속된 시간으로서의 크로노스의 시간 대신에 과거와 미래 사이에 급진적인 단절을 도입하는 '아이온의 시간'을 옹호한다.

　혹자는 들뢰즈의 철학에서 사건이 계열화됨으로써 존재하므로 들뢰즈의 시간도 연속적이라고 오해할 수 있지만, 우발점은 '무의미'로서 일방적으로 다른 사건들에 영향을 미치고 다른 사건에 의존하지 않는 절대적 준원인을 이루고, 하나의 계열 안에 갇히지 않으며 모든 계열을 돌아다님으로써 이러한 계열들을 소통시킨다. 여기서 영향의 일방성과 다른 사건에 의존하지 않는다는 것은 진은영의 시간 철학 속에서는 있을 수 없는 일이다. 특히 우발점은 상호의존성의 체계를 벗어나 과거의 사건들에 의존하지 않는다. 즉 과거의 사건으로부터 영향을 받지 않는 것이다.

---

120) 진은영, 《니체, 영원회귀와 차이의 철학》, 그린비, 2012, 174~175쪽

이처럼 우발점은 계열화의 질서에 포획되지 않고, 과거의 사건으로부터 영향을 받지 않으며, 그러므로 연속성을 표현하기보다는 과거와 미래 사이의 단절을 표현한다. 차라리 우발점은 이미 존재하는 기존의 사건들의 계열화를 찢고 올라와 계열들 전체를 다시 재구성한다고 볼 수 있다. 4절에서 논의가 되겠지만, 이러한 우발점의 등장은 나의 총체성을 파괴하고 균열을 가져다준다는 점에서도 불연속성을 도입한다. 아이온의 시간과 우발점 사이의 밀접한 관계, 그리고 이러한 우발점에 의한 불연속성은 들뢰즈의 다음과 같은 문장에 의해 잘 드러난다.

> "아이온의 선분 전체는 순간에 의해 주파되며, […] 순간은 역설적 심급 또는 우발점이다. 그것은 또한 표면의 무의미, 준원인, 추상화의 순수 계기로서, 일차적으로 모든 현재를 아이온의 선분 위에서 과거-미래 두 방향으로 동시에 나누고 또 나눈다." [121]

이러한 우발점을 형성하는 작업은 과거와 미래의 불연속을 생산하는 '카이로스[122]의 시간' 속에서 특이점들을 침전시키는 것이라고 말한다. 이런 측면에서도 들뢰즈의 시간은 불연속적이며 이러한 시간의 불연속성은 우발점과 깊은 관련이 있다. 이러한 우발점의 시간은 "아이온에 속하는 […] 현재"[123]로서, 우리의 일상적인 통념으로서의 두께가 있는 크로노스의 현재가 아닌, "순간을 표상하

---

121) 질 들뢰즈, 이정우 옮김, 《의미의 논리》, 한길사, 2015, 285쪽
122) 《차이와 반복》, 413쪽
123) 《의미의 논리》, 287쪽

는" [124] , "두께가 없는 현재" [125] 이다. 따라서 나는 '현재'라는 단어를 이러한 '두께 없는 현재'라는 의미로 사용한다면, 과거가 '현재'에 의해 그 의미가 바뀐다는 것을 인정한다.

그런데, 진은영은 들뢰즈의 "필연은 우연이 그 자체로 긍정되는 한에서 우연에 의해서 긍정된다." [126] 라는 구절을 과거의 사건이 '현재'에 의해 그 의미가 바뀐다는 것에서 더 나아가 현재에 의해 과거의 사건이 필연적인 것이 아니라 우연적인 것이 된다는 뜻으로 받아들이고 있다. 다음과 같이 말이다.

"과거의 사건들이 하나의 필연으로 그대로 남아 있다면 필연은 긍정의 대상이 아니라 부정과 증오의 대상이 될 것이다. 그러나 주사위 던지기의 사건이 다시 한번 발생하는 순간, 과거의 낡은 사건들은 새로운 사건으로서 차이를 지니고 다시 태어나며 이 때문에 우연으로서 또다시 긍정될 수 있다." [127]

나는 과거의 사건이 새롭게 의미를 부여받는 것을 옹호하지만, 과거의 사건의 필연성이 파괴되는 것을 옹호하지 않는다. 오히려 과거에 일어난 사건이 필연적인 것이 아니라 우연적인 것으로 생각할 때, 우리는 이러한 과거를 긍정하지 못하게 된다.

조 부스케는 자신에게 발생한 깊은 상처에 대해 "내 상처는 나 이전에 존재했으며, 나는 그것을 구현하려고 태어났다."라고 말하며

---

124) 《의미의 논리》, 287쪽

125) 《의미의 논리》, 288쪽

126) 질 들뢰즈, 이경신 옮김, 《니체와 철학》, 민음사, 63쪽

127) 《니체, 영원회귀와 차이의 철학》, 177쪽

이러한 사건을 필연적인 것으로 받아들이고 '긍정'하고 있다. 만약 이러한 과거의 상처를 우연적인 것으로 받아들인다면, 그래서 상처가 발생하지 않을 수도 있었다고 생각한다면, 인간은 자신의 불우한 운(運)을 탓하기 시작하며, 따라서 인간은 사건에 대한 원한에 사로잡히게 된다. 또한, 과거의 행복했던 사건들이 단지 우연일 뿐이라고 생각하게 되면 마음속에 찜찜함이 남게 된다. 이렇게 과거의 사건을 필연적인 것으로 긍정하지 못할 때 우리는 우리의 운명을 충분히 긍정하지 못하고 충분히 사랑하지 못하게 된다. 물론 들뢰즈의 철학에서도 '우발점'의 솟아오름에 의해 과거의 계열화가 파괴되지만, 이미 발생한 사건의 필연성은 파괴되지 않는다.

이런 측면에서 오히려 들뢰즈의 "필연은 우연이 그 자체로 긍정되는 한에서 우연에 의해서 긍정된다."라는 문장은 진은영의 방식대로 이해되어서는 안 되고 주사위를 던질 때 어떤 수가 나와도 긍정할 역량이 있다면 주사위가 떨어짐으로써 형성되는 필연을 긍정할 수 있다는 식으로 이해되어야 한다.

또한, 진은영의 방식대로 놀이하는 것은 진은영의 의도와는 달리, 과거의 수를 신경 쓰게 만들어 각각의 주사위 던지기를 충분히 긍정하지 못하게 만든다는 점에서 불행한 놀이이다. 이것은 '우연의 긍정'이 아니다. 이와 같은 진은영의 해석에 의하면 주사위 놀이는 여러 번의 던지기에 의존하게 되는데, 들뢰즈는 이렇게 여러 번의 던지기를 필요로 하는 사람들을 '놀이에 서투른 사람'이라고 비판하고 있다. 왜냐하면, 이런 사람은 우연의 각각의 순간들을 온전히 긍정하지 못하기에 여러 번의 던지기를 필요로 하는 것이기 때문이다. 들뢰즈는 단번에 모든 우연을 긍정하지 못하는 진은영과 같은 놀이꾼을 "나쁜 놀이꾼"[128] 이라고 부르고 있다.

---

128) 《차이와 반복》, 434쪽

2. 우연의 긍정: 진은영의 문제 2

들뢰즈는 '매력'이 없는 사람은 산송장과 같은 존재라고 말한다. 그리고 이러한 '매력'은 주사위 놀이와 매우 깊은 관련이 있다. 들뢰즈가 지배적인(표준적인) 언어 속에서 새로운(소수적인) 언어적 스타일을 만드는 것이 지배적인(표준적인) 언어 속에서 말을 더듬는 것이라고 말하듯이, 삶의 매력은 '정상적인 삶'에서 오는 것이 아니라 표준적인 삶의 관점에서 보면 나약하기 그지없는 것에서 온다.

> "삶에 대해서도 마찬가지입니다. 삶에는 일종의 서툶, 병약함, 허약한 체질, 치명적인 말더듬증 같은 것이 있는데, 이런 것들이 혹자에게는 매력이 됩니다. 스타일이 글쓰기의 원천이듯이, 매력은 삶의 원천입니다. 삶이란 당신의 역사가 아닙니다. 매력이 없는 사람들에게는 삶도 없습니다. 그들은 송장과 같습니다. 그러나 매력은 결코 사람/인격이 아닙니다. 매력은 삶을 수많은 조합으로 파악하게 하고, 그런 조합을 이끌어낸 독특한 기회로 파악하게 하는 것을 말합니다."[129]

들뢰즈는 삶에는 나약함으로 보이는 것들이 존재하지만, 이러한 나약함으로 보이는 것들을 긍정하게 만드는 계기가 바로 '매력'이라고 말한다. 이와 같은 매력은 자신에게 고통스러운 일이 닥치더라도 이러한 주사위의 조각들(특이점들)을 잘 조합하여 고통 속에

---

129) 질 들뢰즈 · 클레르 파르네, 허희정 · 전승화 옮김, 《디알로그》, 동문선, 2005, 14~15쪽

서 삶을 긍정하게 만든다. 이런 의미에서 '매력'은 항상 "이기는 주사위 던지기"[130]이고, 우연을 없애거나 확률을 통해 통제하는 것이 아니라 우연을 충분히 긍정하는 것이다.

들뢰즈는 위대한 사상가들이 바로 이렇게 자신의 허약함에 의해 고통을 더 잘 느끼는데도 "존재 속에서 비할 데 없는 힘, 끈기, 투지를 가지고 자신을 긍정"[131]한다고 말한다. 그리고 이들은 이와 같은 깨지기 쉬운 존재임에도 불구하고 그들의 긍정의 권력의지는 "절대적 역량의 상태"[132]에 이르러 삶을 긍정하게 된다. 이것이 니체가 말하는 '위대한 건강'이라고 들뢰즈는 말한다. 그리고 이런 의미에서 위대한 사상가들은 개인이 아니라 주사위 조각들(특이점들)을 조합함으로써 탄생하는 고유한 수이다. "그들은 어떤 사람들이 아니라, 그들 고유의 조합으로 된 숫자입니다."[133]이 위대한 사상가들은 이 조합을 긍정함으로써 삶을 긍정한다.

> "이 모든 사상가는 허약한 체질을 지녔지만, 억제할 수 없는 삶/생명이 이들을 가로질러 갑니다. 이들은 오직 적극적인 역량, 긍정의 역량으로써만 나아갑니다. 이들은 말하자면 삶/생명을 숭배합니다."[134]

이러한 주장은 진은영의 주사위 놀이에 관한 주장과 상반된다. 진은영의 주사위 놀이는 승리/패배의 결과가 명확하게 나누어진 놀

---

130) 《디알로그》, 15쪽
131) 《디알로그》, 15쪽
132) 《디알로그》, 15쪽
133) 《디알로그》, 15쪽
134) 《디알로그》, 33쪽

이이며 그 결과에 따라 긍정될 수도 있고 부정될 수도 있는 것이다. 앞에서 인용한 진은영의 글을 재인용해보자.

> "처음 던졌을 때 4는 상대방의 앞선 숫자인 5와 이어질 경우 패배를 의미하지만, 만일 상대방의 2에 이어 또다시 4가 나온다면 이 때는 역전을 의미한다. 이 경우 두 개의 4는 전혀 다른 숫자이며 따라서 동일한 4가 아니다."[135]

그런데 이렇게 규칙이 정해져 있고, 승리와 패배가 명확하게 나누어지게 되면, 우리는 하나의 우연 각각을 긍정하지 못하게 되고, 자연스럽게 승리라는 '목적'을 달성하기 위해 '우연'을 통제하고자 하게 된다. 고이즈미 요시유키의 말대로 이처럼 "이기고 지는 규칙과 득실의 배분"[136]이 정해져 있는 놀이에서는,

> "놀이의 패자는 그 실점을 회복하고자 질시와 원한에 사로잡히며, 놀이의 승자는 그 득점을 지키려고 늘 오만과 차별에 사로잡힌다. […] 패자는 이상한 존재, 결핍이 있는 약자로 평가받는다. 놀이에 참가하지 않은 국외자는 퇴화되고 우둔한 아웃사이더로 평가받는다."[137]

이 경우에 많은 사람은 "바람직하다고 주장하는 조합을 낳기 위

---

135) 《니체, 영원회귀와 차이의 철학》, 174~175쪽

136) 고이즈미 요시유키, 이정우 옮김, 《들뢰즈의 생명철학》, 동녘, 2003, 124쪽

137) 《들뢰즈의 생명철학》, 124쪽

해 인과성과 확률성을 이용한다."[138] 우연을 긍정한다는 것은 승리/패배의 이분법을 넘어서 자신이 던진 주사위의 결과들을 기쁘게 받아들이고 수용한다는 것을 의미한다. 이것은 긍정의 권력의지가 가진 역량에 의해 좌우된다. 그리고 어떠한 결과가 나와도 기쁘게 긍정하는 의지가 계속된다면 다시 다음번 주사위를 던지는 것도 긍정할 수 있다. 즉 한 번의 완전한 긍정은 영원회귀의 긍정인 것이다. 들뢰즈는 다음과 같이 쓰고 있다.

> "사람들은 한 번의 우연을 충분히 긍정하지 못하기 때문에 주사
> 위 던지기에서 실패한다."[139]

이 놀이는 주사위들의 조합방식이 선험적으로 정해지지 않은 놀이이며, 이것은 우리의 현존 자체에 도래하는 주사위 조각들(특이점들)을 연결하고 조합하는 규칙이 바뀔 수 있음을, 즉 권력의지의 '해석'과 평가에 의해 동일한 상황을 긍정하거나 부정하는 차이가 나타날 수 있음을 의미한다.

부정하는 것으로서 원한에 의해 우연을 긍정하지 못하는 자들은 주사위 던지기 놀이의 확률을 계산하거나 가상의 인과성을 설정하여 자신에게 고통을 주는 조합을 피하려고 하며, 이러한 고통을 자신에게 기쁨을 주는 조합을 통해 '해소'하려고 한다.

> "그는 이러한 조합 자체를 인과성 뒤에 숨겨진 획득해야 할 목적
> 으로 간주한다. 니체가 영원한 거미, 이성의 거미줄에 대해 이야기

---

138) 《니체와 철학》, 64쪽
139) 《니체와 철학》, 65쪽

할 때 의미하는 바가 바로 그것이다. […] 인과성과 목적성의 집게
발로 우연을 잡고 그것을 파괴하는 것 […]”[140]

하나하나의 우연을 충분히 긍정하지 못하는 사람들은 “여러 번의
주사위 던지기, 무수한 주사위 던지기”에 기대하는 “놀이에 서투른
자”[141]들이다. 반면 각각의 우연을 충분히 긍정하는 사람만이 현존
이라는 놀이를 제대로 즐길 줄 아는 것이고, 자신의 권력의지가 주
사위 조각(특이점)들을 의지가 긍정할 수 있게 연결하여 조합할 수
있는 능력 갖추고 있다는 것을 보여주는 것이다. 이러한 권력의지
에 의한 우연의 긍정이야말로 ‘운명애’에 속한다. 그리고 이러한 ‘단
한 번의 우연’ 속에서 발휘되는 긍정으로서의 운명애는 곧 영원히
되풀이된다. 즉 앞에서 보았듯이 단 한 번의 긍정은 영원한 긍정을
함축하는 것이다. 들뢰즈는 다음과 같이 쓴다.

  “여러 번 되풀이하는 확률이 아니라 단 한 번의 모든 우연이며,
  욕망되고, 의욕되고, 소망된 최종 조합이 아니라, 운명적인 조합,
  즉 가장 사랑하는 운명적인 조합, 다시 말하자면 아모르 파티이고,
  주사위 던지기 횟수에 의한 어떤 조합으로의 회귀가 아니라, 운명
  적으로 획득된 수의 본성에 의한 주사위 던지기의 반복이다.”[142]

---

140) 《니체와 철학》, 64~65쪽
141) 《니체와 철학》, 64쪽
142) 《니체와 철학》, 65~66쪽

3. 이념적인 놀이

　그러나 이와 같은 놀이, 즉 규칙도, 승리도, 패배도 없는 놀이는 존재하는가? 이러한 놀이는 현실적인 놀이가 아니라 '이념적인 놀이'이지만 오히려 우리의 잠재적이고 내재적인 삶/생명에 규칙, 승리, 패배가 없다는 점에서 오히려 현실의 놀이보다 '실재적인' 놀이이다.

　들뢰즈는 《의미의 논리》에서 이러한 '이념적인 놀이'에 대해서 설명하고 있으며 이러한 '이념적인 놀이'가 바로 주사위 놀이라고 말하고 있다. 들뢰즈에 의하면 이러한 '이념적인 놀이'에 대비되는 현실의 놀이는 규칙을 가지고 있으며, 이 현실의 놀이에서 수(手)들은 서로 다른 내용으로 구분되며, 각각의 수는 '승리'나 '패배'를 낳는다. 반면 들뢰즈가 말하는 '이념적인 놀이'는 정해진 규칙을 가지고 있지 않으며, 각 수는 내용적으로 구별되지 않고 "존재론적으로 하나인, 유일하고 동일한 던짐의 질적인 형태들"[143] 이며 그렇기에 승리나 패배는 존재하지 않는다. 이런 의미에서 각각의 수는 계열을 구성하지만, 즉 특이점들을 배분하지만, 이 특이점들의 계열들을 관통하여 자리 옮김 하는 '빈칸'으로서 "한 번 던짐"[144] 이라는 우발점이 존재한다.

　들뢰즈는 '이념적인 놀이'가 본질적으로 사고의 놀이라고 말한다. 더 나아가 들뢰즈는 《푸코》에서 "사유란 특이성을 방사하는 것,

---

143) 《의미의 논리》, 133쪽
144) 《의미의 논리》, 133쪽

주사위를 던지는 것"[145] 이라고 말한다. 왜냐하면, 사유는 예측 불가능한 우연성으로서 '외부', 혹은 추상 기계와 마주치는 것을 긍정하는 것이기 때문이다. 이런 의미에서 사유가 '한 번 던짐'의 긍정을 통해서 만드는 공간은 '열린 공간'이고, 이러한 열린 공간 안에서 결과들이 배분되는데, 이러한 결과들은 "가변적인 결과들"[146] 이다. 이러한 배분은 들뢰즈가 말하는 유목적 배분이다. 그리고 이러한 예측 불가능한 우연성을 통제하려는 사람들은 이득과 손실의 체계에 의해 닫힌 공간 안에서 결과마다 정해진 몫을 배분하려고 하는데, 이러한 공간의 분할은 정주적 배분이다.

들뢰즈가 말하는 유목적 배분과 정주적 배분을 설명하자면 다음과 같다. 우선 정주적 배분은 닫힌 공간 속에서 '소유지' 혹은 몫을 할당하는 배분이다. 이러한 배분에는 상식(sens commun)과 양식(bon sens)이 작동하며, 가장 훌륭한 분배, 가장 공평한 분배는 "고정되고 비례적인 규정들"[147] 에 의한 것이다. 반면에 유목적 배분은 고정된 척도가 없는 배분이다. 이것은 열린 공간 자체 속에서 특이성들을 배분하는 것이다. 정주적 배분이 안정성과 고정성을 가진다면, 유목적 배분은 "방황의 분배"[148] 이다. 이런 의미에서 들뢰즈는 《의미의 논리》에서 전개체적이고 비인칭적인 특이성들의 선험적(Transcendantal) 장에 대해서 이야기하며 다음과 같이 쓴다.

"그것은 이 자유로운 특이성, 개체화의 질료들과 인칭성의 형식

---

145) 질 들뢰즈, 허경 옮김, 《푸코》, 그린비, 2019, 198쪽

146) 《의미의 논리》, 133쪽

147) 《차이와 반복》, 103쪽

148) 《차이와 반복》, 104쪽

들과 관계없이 인간들, 식물들, 동물들에 돌아다니는 익명적이고 노마드적인 특이성이다."[149]

이렇게 특이성이 자유롭게 돌아다니는 것이 바로 '이념적인 놀이'인 것이다. 들뢰즈는 현실의 놀이에서는 특이성들의 계열들이 하나로 합쳐져서 하나의 필연적 경로를 지나게 되는 경우가 있지만, 전개체적이고 비인칭적인 선험적(Transcendantal) 장에서 이루어지는 자유로운 특이성의 놀이는 끊임없이 시간에 가지치기를 도입한다고 말한다. 즉 필연적인 경로라고 생각되는 곳에 "약간의 우연을 다시 불어넣는 것"[150]이다.

이것은 보르헤스의 《픽션들》에 실려 있는 〈바빌로니아의 복권〉에서 잘 드러난다. 이 이야기에서 복권은 코스모스에 카오스를 도입하며, "추첨의 모든 단계에 우연을 개입"[151]시킨다. 이러한 무한한 우연적 추첨을 위해 무한한 시간이 필요하지 않다. 단지 시간이 무한히 나뉠 수 있다는 것으로 충분하다.

> "무지한 사람들은 무한한 추첨에는 무한한 시간이 요구된다고 주장한다. 하지만 '거북이와의 경주' 비유가 보여주듯이, 시간은 사실상 무한하게 나뉠 수 있다는 것으로 충분하다."[152]

그리고 들뢰즈는 이렇게 무한히 세밀히 나뉠 수 있는 시간이 바로 아이온의 시간이라고 말한다.[153]

---

149) 《의미의 논리》, 202쪽

150) 《의미의 논리》, 135쪽

151) 호르헤 루이스 보르헤스, 송병선 옮김, 《픽션들》, 민음사, 2011, 84쪽

152) 《픽션들》, 85쪽

153) 《의미의 논리》, 135쪽

이렇게 모든 단계에 우연을 개입시킴으로써 무수히 많은 공가능하지 않은 세계들이 존재하게 된다. 즉 계열들이 발산되는 것이다. 그러나 이러한 공가능하지 않은 세계들은 객관적으로 공통적인 것을 포함한다. 이 공통적인 것을 '문제'라고 볼 수 있고, 공가능하지 않은 세계들은 이 동일한 문제에 대한 '해(解)'라고 볼 수 있다. 그리고 "하나의 문제는 필연적으로 '애매한 기호'나 우발점들을, 즉 그에 일련의 상이한 해들이 상응하는 특이성들의 다양한 배분들을 포함하는 조건들을 가진다."[154] 예를 들어 원추 단면의 방정식은 '애매한 기호'를 포함하고 있으며, 이 '애매한 기호'에 의해 타원, 쌍곡선, 포물선 등의 다양한 사건들로 분화하는 유일하고 동일한 대문자사건(원추 곡선)을 표현한다. 그뿐만 아니라 모든 잠재성으로서의 문제는 "발생적 요소의 애매한 기호"[155]를 포함한다. 이런 애매함은 미규정성을 의미하며, 따라서 '특이성의 자유로운 놀이'는 "객관적인 미규정의 영역, 그 노마드적 분포의 열린 공간"[156]을 연다. 유일하고 동일한 대문자사건의 이러한 미규정성 속에서 모든 사건은 소통하며, 모든 수는 '한 번 던짐' 속에서 소통한다. 이러한 미규정성 속의 소통을 통해 공가능하지 않은 세계들은 "같은 이야기의 변양태들"[157]이 된다.

　'이념적인 놀이'는 이런 의미에서 공가능하지 않은 세계들과 사건들을 소통시킨다. 그리고 이러한 소통은 양립불가능한 것, 대립적인 것들의 '변증법적 종합'이 아니며, 오히려 '차이의 긍정'이다. 라

154）《의미의 논리》, 212쪽
155）《의미의 논리》, 213쪽
156）《의미의 논리》, 212쪽
157）《의미의 논리》, 213쪽

이프니츠는 불공가능한 것들이 계열들의 발산이라는 것을 명확히 했지만, 이러한 발산을 순전히 부정적인 것으로, 즉 "배제의 부정적 규칙"으로 받아들였기 때문에, 그리고 신이 항상 유일한 최선의 하나의 세계를 선택한다는 신학적 요구 때문에 객관적 미규정성의 자유로운 '이념적인 놀이'를 파악할 수 없었다.

들뢰즈는 '이념적인 놀이'의 우연성 자체의 논리적 귀결인 계열들의 발산을 긍정의 대상으로 만든다. 즉 양립불가능한 것들을 뒤섞는 것이 아니라 오히려 그것의 '차이' 속에서 소통시키는 것이다. 즉 '차이'의 종합이 발생하며 이것은 선언(Disjonction 또는 Or)에 의한 종합이다. 이러한 선언은 배제적 선언이 아니며 선언에 의한 종합은 "이질적인 것의 공명"을 통해 이루어진다. 공명을 통해 모든 사건은 유일하고 동일한 대문자사건 속에서 소통하며, 이러한 대문자사건은 각 사건 속에서 존속한다는 점에서 영원 회귀한다. 이렇게 대문자사건이 모든 사건을 가로질러 존재한다는 점에서 우리는 존재의 '일의성'에 도달하게 된다. 이렇듯 영원회귀와 존재의 일의성은 밀접한 관련이 있다. 들뢰즈는 다음과 같이 쓰고 있다.

> "우리가 이미 이념적인 놀이에 관련해 보았듯이 단 한 번의 우연의 긍정, 모든 수를 위한 유일한 던짐, 모든 형식과 모든 경우를 위한 하나의 유일한 존재, 실존하는 모든 것을 위한 하나의 유일한 심급, 모든 생명체를 위한 하나의 유일한 목소리."[158]

---

158) 《의미의 논리》, 304쪽

4. 이념=이데아와 주사위 놀이

《차이와 반복》에서의 들뢰즈에 의하면 우발점은 '맹점'을 형성하며, 이런 '맹점'으로서의 우발점은 "명령하고 물음을 던진다."[159] 여기서 물음은 명령과 매우 밀접한 관계를 맺고 있다.[160] 물음은 명령의 본성을 가진다. 그리고 이러한 명령과 물음은 '이념'으로서 문제, 혹은 '미분적 관계'를 제시하는 데 이 미분값들은 특이점들의 할당과 관련된다. 이런 의미에서 이념은 특이점들의 분배를 포섭하고 있다. 그렇기에 특이점들은 우발점에서 유래하고, 이념은 명령과 물음으로부터 유래한다. 그리고 우발점은 일종의 '맹점'으로서 나의 총체적인 사유를 불가능하게 만들며, 이런 의미에서 명령과 질문은 '나'로부터 오는 것이 아니다. 이러한 명령과 질문은 존재로부터 온다. 나의 총체적인 사유를 불가능하게 만드는 '맹점'으로서의 우발점은 나의 '균열'을 보여준다. 즉 존재로부터 오는 명령과 질문은 나와 관계를 맺을 때 균열된 나와 관계를 맺을 수밖에 없다. 또한, 들뢰즈는 다음과 같이 쓰고 있다.

"이 균열된 나의 틈바구니는 그 존재의 명령들을 통해 매번 시간
의 순서에 따라 자리를 바꾸고 재구성된다. 따라서 명령들은 순수
사유의 사유 대상들을 형성한다."[161]

---

159) 《차이와 반복》, 430쪽

160) 《차이와 반복》의 역자인 김상환은 불어 impératif를 '명법'으로 번역했지만 여
기서는 '명령'으로 번역하기로 한다.

161) 《차이와 반복》, 431쪽

이렇게 '존재'로부터 오는 명령과 물음들에 의해 '비자발적 사유'가 진행된다. 이러한 물음과 명령은 나의 총체적인 사유가 불가능하다는 것을 보여준다는 점에서 나의 무능력을 보여주지만 이러한 무능력이야말로 "최고의 역량으로까지 고양될 수 있다."[162] 왜냐하면, 이념들이 이러한 나의 균열을 통해 들어오고 나가기 때문이다.

그리고 우발점과 그로부터 비롯되는 이념은 '초월적인(Transcendant) 대상'을 구성한다. 이러한 '초월적인 대상'은 능력들의 경험적 실행으로는 포착되지 않고 능력들의 탈구적인 실행을 강제한다. 예를 들어 언어학적 이념은 '미분적 요소'로서 음소들 사이의 상호적 연관(미분적 관계)들의 잠재적인 체계인데, 이와 같은 이념=다양체를 통해 초월적 대상으로서 메타언어가 가능하게 된다. 그리고 이러한 메타언어는 경험적 실행 속에서는 말해질 수 없다. 그뿐만 아니라 '이념'은 감성, 기억, 상상, 사유, 언어능력 등의 모든 인지 능력을 주파하고 모든 인지 능력과 관계를 맺으며 이러한 인지 능력을 경험적 실행을 넘어선 초월적 실행(Exercice Transcendant)에 이르게 한다.[163] 각각의 인지 능력이 자신의 경험적 한계를 넘어서 지향하는 바와 인지 능력이 도달할 수 있는 경험적 한계 사이의 격차로 인해 발생하는 역설감(Para-sense)을 모든 인식 능력이 공유하며, 따라서 이러한 역설감을 통해 모든 인지 능력이 심층에서 소통하게 된다. 즉 초월적 대상들은 말해져야 하지만 경험적으로 말해질 수 없는 것이고, 감각되어져야 하지만 경험적 감성으로는 감각될 수 없는 것이다. 이러한 역설감을 통한 모든 인지 능력의 소통이 들뢰즈가 말하는 '인지 능력들의 자유로운

---

162) 《차이와 반복》, 432쪽
163) 《차이와 반복》, 419~421쪽

일치'이다. 이러한 자유로운 일치는 사실과 인지 능력 사이의 공통 감각의 동일성이 부여되지 않아도 이루어지는 일치라는 점에서 '불일치의 일치'이다. 그리고 "이런 역설감은 이념들을 요소로 하고 있다."[164] 그리고 초월적 대상을 사유한다는 것은 곧 '우발점'을 사유한다는 것이다. 들뢰즈는 다음과 같이 쓰고 있다.

> "나는 [⋯] 사유하도록 강제받기에 이른다. 같음의 사태가 아니라 본성상 언제나 달라지는 바로 그 초월적 '우발점'을 사유하도록 강제받는 것이다."[165]

들뢰즈가 말하는 이념=이데아는 전통적 의미의 '본질'이 아니며 우연과 사건들을 부정하는 쪽에 있지 않다. 전통적인 의미의 '본질' 또는 '이념'='이데아'는 우연이나 사건을 부정함과 동시에 배제하고 우연이나 사건을 초월한 천상계에 존재했다면 들뢰즈에게 있어서 '이념=이데아'를 제시하게 하는 명령과 질문들은 우연과 사건을 절대적으로 긍정한다. 이것이 들뢰즈가 플라톤의 철학을 혁신하여 만든 새로운 플라톤주의이다. 이런 의미에서 우연과 사건을 긍정한다는 것이야말로 명령과 물음들의 '의미'이다.

이념은 '문제'이고 이러한 문제는 "사건의 질서에 속한다."[166] 문제의 해(解) 쪽에는 현실적 사건들이 있고, 잘 정의된 문제의 조건들 쪽에는 '이념적 사건'이 있다. 앞에서 본 원추 곡선의 예에서 원추 곡선이 '이념적 사건'이라면, 타원, 쌍곡선, 포물선 등의 곡선들

---

164) 《차이와 반복》, 420쪽
165) 《차이와 반복》, 321쪽
166) 《차이와 반복》, 410쪽

은 현실적 사건들이다. 이런 의미에서 이념적 사건은 현실적 사건들로 분화하며, 현실적 사건들은 이념적 사건 속에서 소통한다.

어떤 사람들은 문제로부터 무턱대고 해답으로 향하려고 하지만, 들뢰즈는 그렇게 하기 전에 '문제의 문제'에 집중해야 한다고 주장한다. 들뢰즈는 아벨과 갈루아 등의 수학자들의 성과가 바로 이렇게 문제 자체에 대한 탐구로부터 비롯되었다고 말한다. 아벨은 즉각적으로 5차 이상인 방정식의 해를 구하려고 하지 않았고 문제의 조건 속에서 방정식의 해결 가능성 자체를 탐구하여 5차 이상의 방정식은 대수적인 해를 갖지 않음을 증명했다. 들뢰즈는 아벨의 이러한 발견이 "코페르니쿠스적 혁명보다 훨씬 중요한 혁명"[167] 이라고 말한다. 이것은 '이념=문제'에 외재적인 것, 즉 경험적 대상이나 지성적 개념에 관련지음으로써 '이념=문제'를 규명하려는 칸트적 외생주의[168]를 넘어서 이념 자체의 분석을 통해 이념을 규명하는, 칸트적 의미의 '코페르니쿠스 혁명'을 뛰어넘는, 혁명적 사고의 전환이다.

들뢰즈는 갈루아의 작업에서도 이와 같은 혁명적인 사고의 전환을 읽어낸다. 들뢰즈는 갈루아의 작업을 다음과 같이 요약한다.

"즉 기초가 되는 어떤 '체'(R)로부터 출발하여 이 체에 어떤 것들을 계속하여 부가하여 얻어진 체(R', R'', R''' ……)들에 의해 대입과 치환들이 점진적으로 제한되고, 이로써 한 방정식의 근들이 점점 더 정확하게 식별될 수 있다(번역 수정)."[169]

---

167) 《차이와 반복》, 393쪽
168) 칸트에 의하면 이념은 경험적 대상들과의 유비를 통해서만 규정 가능성을 얻으며, 지성적 개념을 통해서만 무한한 규정성의 이상을 얻을 수 있다.
169) 《차이와 반복》, 393~394쪽

이와 같은 의미에서 본래의 체에 부가되는 것은 "문제를 단번에 해결하도록 만드는 미래적이거나 과거적인 이념적 사건들의 파편"[170]일 수 있다. 즉 이렇게 부가되는 것을 통해 파편들을 모으고 문제를 점진적으로 규정해나가면서 이념적 사건에 도달할 수 있다. 이러한 부가된 체들을 결정하는 것은 특이점을 응축하는 것과 마찬가지로 문제의 본성에 근거를 두고 있는 "자유로운 결정 능력"[171]이며 어떤 결단(Fiat)을 요청한다. 그리고 이러한 '결정 능력'과 함께 이상적인 부가된 체를 통해 우리는 정확한 이념적 사건에 도달하며, 따라서 부가된 것들은 이념적 사건에 정확히 들어맞는다는 측면에서 절대로 자의적(Arbitraire)이지 않다. 이렇게 부가의 과정을 통해 정확한 '이념적 사건'에 도달함으로써 문제는 완결된 규정을 향해 나아간다. 혹자는 이러한 '완결된 규정'이 앞에서 보았던 《의미의 논리》에서의 '객관적 미규정성'과 모순된다고 주장할 수 있으나, 문제의 완결된 규정은 정확한 이념적 사건을 구성하는 데에 있으며, 이러한 이념적 사건이 어떠한 현실적 사건으로 현실화될 것인지는 미규정적이므로 모순은 존재하지 않는다.[172]

그런데 이렇게 정확한 이념적 사건을 구성하는 '결단(Fiat)'은 현실적 사건을 결정짓지 못하며, 자신 내에 주사위 놀이에서의 우연한 '한 번 던짐'을 함축하고 있는 이념적 사건은 이 우연의 결과로서의 다양한 현실적인 사건들로 분화될 수 있다. 그런데 이러한 우연과 그 우연의 결과를 긍정한다는 것은 우연 속에 자의적인

---

170) 《차이와 반복》, 413쪽

171) 《차이와 반복》, 428쪽

172) 이런 의미에서 이진경은 《외부, 사유의 정치학(그린비, 2009)》에서 《차이와 반복》에서의 들뢰즈의 '이념'이 폐쇄적인 체계인 것처럼 말하는데 이것은 잘못된 것이다.

(Arbitraire) 것이 존재함을 주장하는 것이 아니다. 오히려 우연 속에 자의적인 것이 있다면 그것은 자신의 계산체계를 통해 우연의 결과 중에서 자신에게 유리한 것을 선택하는 것이고, 이것은 우연을 충분히 긍정하지 못하는 것이기 때문이다.

> "하지만 이는 '긍정한다'는 것의 의미를 잘못 이해하기 때문에 나오는 지적일 것이다. 우연 속에 자의적인 것이 있다면, 그것은 단지 우연이 긍정되지 않고, 그것도 충분히 긍정되지 않기 때문이며, 단지 우연을 추방할 목적으로 있는 규칙들을 통해 그 우연을 어떤 공간과 수 안에서 할당하기 때문이다."[173]

주사위 놀이에서 '우연'을 긍정한다는 것, 즉 '한 번 던짐'으로서의 우발점을 긍정한다는 것은 주사위 놀이의 참여자가 결코 패할 수 없다는 것을 의미하는데, 현실적 사건은 우발점과 이 우발점을 통해 표현되는 이념적 사건의 본성에 정확히 들어맞기 때문이다. 주사위 놀이를 통해 이념적 사건, 이념들은 반복되며, 그런데도 각각의 놀이마다 차이를 산출한다. 그리고 이러한 이념의 반복은 모든 특이점을 공명시키는 우발점의 반복이다. 이런 의미에서

> "반복, 그것은 특이성들을 던지는 것, 언제나 특이성들을 어떤 메아리, 공명 속으로 던지는 것이다. 각각의 특이성은 이 공명을 통해 다른 독특성의 분신이 되고, 각각의 별자리는 다른 별자리의 재분배가 된다."[174]

---

173) 《차이와 반복》, 429쪽
173) 《차이와 반복》, 429쪽
174) 《차이와 반복》, 435쪽

4. 이념=이데아와 주사위 놀이   81

5. 바디우의 비판과 그에 대한 응답

   그런데 또 한 명의 유명한 프랑스 철학자 알랭 바디우는 주사위 놀이에서의 '한 번 던짐'으로서의 우발점에 의한 모든 사건의 소통, 즉 존재의 일의성을 인정하지 않는다. 바디우에게 "우연은 […] 복수이며, 이 복수성은 주사위 던지기의 일의성을 배제시켜 버린다."[175] 바디우가 주장하는 것은 진정한 의미에서의 우연성은 우연들이 동일한 이념의 표현이자 반복이라면 성립될 수 없다는 것이다. 즉 우연 자체는 우연적으로 나타난다는 것이다. 이런 의미에서 바디우는 '우연의 우연성'을 이야기한다.

   그런데 이러한 바디우의 비판은 양날의 검이다. 이것은 그가 말하는 '진리'가 단지 우연적 진리라는 것을 스스로 폭로한다. 바디우가 이렇게 우연성을 강조하는 것은, 결국 그가 고전적인 의미의 '주체'를 복권시키는 것과 관련이 깊다. 이러한 주체는 전기(前期)—푸코가 말하는 "구조적 필연성"[176]에 의해 생산된 결과로서의 주체가 아니며, 사건적 진리가 생산되도록 하는 "유적 절차의 모든 국소적 형국"[177]이다. 말하자면 주체는 유적 절차를 통해 사건을 상황에 기입한다. 이러한 유적 절차는 사건 e_X 가 상황의 항 y와 접속되어야 하는지 그렇지 않은지를 각각 확인하는 '조사'작업이다.[178] 그리고 이런 과정에서 주체는 상황의 항들과 "전투적이고 우발적인 도

---

175) 알랭 바디우, 박정태 옮김, 《들뢰즈-존재의 함성》, 이학사, 2015, 170쪽

176) 알랭 바디우, 조형준 옮김, 《존재와 사건》, 새물결출판사, 2013, 624쪽

177) 《존재와 사건》, 623쪽

178) 여기서 는 사건의 X는자리를 의미한다.

정"[179] 에서 마주치며 이러한 항들과의 우연적인 마주침을 통해서 주체는 형성된다. 결정적으로 바디우는 다음과 같이 선언한다.

"모든 진리가 짜여지는 우연은 주체의 문제이다."[180]

이러한 주체의 우발적인 도정은 백과사전적인 지식 체계에서 벗어나 있다고 바디우는 말한다. 즉 지식-권력이 주체를 만든다는 푸코적인 사유에서 벗어나 있는 것이다. 그리고 이러한 절차의 결과가 바로 진리라고 바디우는 주장한다.

그런데 진리의 생성 과정이 이와 같다면, 진리는 필연적인 것이 아닌 우연적이고 우발적인 진리가 되지 않는가? 《존재와 사건》의 영어판 역자조차도 바디우의 진리가 "하나의 영원한 필연성(One Eternal Necessity)"이 아닌, 흐르는 모래(Shifting Sands, 流沙) 위에 세워진 진리라고 말한다.[181] 반면에 들뢰즈는 《의미의 논리》에서 "영원한 진리에서의 순수사건"[182]에 대해 이야기하며 그것의 물질 속에서의 우연한 구현으로서의 효과화와 구별 짓는다. 즉 《의미의 논리》에서 들뢰즈의 진리는 '영원한 필연성'을 갖는다.

이런 의미에서 그 공식적 초상화들과는 달리, 플라톤에 더 가까운 것은 들뢰즈이다. 바디우는 들뢰즈가 플라톤주의자인 것이 충격적인 사실인 것처럼 말하지만, 들뢰즈는 플라톤주의를 근본적으로 혁신한 공공연한 플라톤주의자이다. 들뢰즈는 차이, 생성, 우연, 사건

---

179) 《존재와 사건》, 629쪽

180) 《존재와 사건》, 627쪽

181) Alain Badiou, trans. Oliver Feltham, *Being and Event*, Newyork: Continuum, 2012, xxii~xxiii

182) 《의미의 논리》, 259쪽

을 생산해내는 '이념'='이데아'를 상정하지만, 이러한 이데아는 차이, 생성, 우연, 사건을 부정하는 이데아가 아니며, 들뢰즈의 이념은 하나의 '이념적 사건'을 구성한다. 즉 들뢰즈의 '이념'은 존재/사건의 이분법을 넘어서 있는 것이다.

그런데 이러한 이념=문제에 대해 어떤 것이 해(解)로 현실화될 것인지는, 말하자면 원추 곡선의 방정식이 원, 타원, 포물선, 쌍곡선 중 어느 것으로 현실화될지는 전적으로 우연의 문제이다. 왜냐하면, 들뢰즈에게 있어서 이념적인 것은 현실적인 것과 유사성이 없기 때문이다. 체들에 어떤 것들을 부과하거나 이념적 사건에 도달함으로써 이념을 완전히 규정짓지만, 이러한 문제의 완결된 규정은 해 중 어떤 것이 현실화될지에는 영향을 미치지 못하고 이런 의미에서 선험적인 장은 객관적 미규정성의 공간인 것이다. 따라서 들뢰즈의 철학이 근원적인 의미에서는 우연을 배제한다는 바디우의 주장은 잘못된 것이다.

6. 결론: 주사위 놀이와 혁명

들뢰즈의 표현대로 존재론은 주사위 놀이이고 이러한 주사위 놀이 자체에 대한 면밀한 분석이다. 들뢰즈 철학의 핵심 개념인 존재론적 일의성, 영원회귀, 이념적인 놀이, 이념, 이념적 사건, 우발점, 유목적 분배, 우연, 필연, 특이성 등의 개념을 이해하는 데에 주사위 던지기를 이해하는 것이 필수적이다. 주사위 놀이는 그 자체로 이념적 놀이이자 이념=문제를 제기하며 '이념적 사건'을 구성한다. 이러한 이념적 사건은 잠재적인 것으로서 이 잠재적인 것이 어떠한 현실적 사건으로 분화할지는 우연에 달린 것이다. 그리고 그 안에서 모든 이념적 사건이 소통하는 '대문자사건'은 존재의 일의성과 영원회귀를 보여준다. 영원히 존속하는 것은 대문자사건이며 나머지는 이 대문자사건이 구체화되고 현실화된 존재자들이다.

들뢰즈는 이러한 이념적 대문자사건과 혁명과의 연관성을 웅변한다. 이렇게 대문자사건이 혁명과 연관되는 것은, 개체, 인칭, 집단 등이 존속하는 물리적 혼합체로서의 현실 속에서 너무나 많은 불명예와 불공정, "원한을 자극하는 […] 식인적이고 기생적인 과정"[183] 이 존재하는 반면에, 잠재적인 사건으로서의 대문자사건은 비인칭적이고 전개체적이며 집단적인 것과 사적인 것을 넘어서 존재하며, 바로 이런 이유에서 원한이나 민족주의, 불공정과 부정의를 넘어서기 때문이고 혁명은 이러한 원한, 민족주의, 불공정, 부정의를 넘어선 곳에 존재하기 때문이다. 들뢰즈는 이런 의미에서 이념적인 대문자사건을 살아가는 것을 "요컨대 세계시민이 되는 것"[184] 이라고

---

183) 《의미의 논리》, 263

184) 《의미의 논리》, 261쪽

적고 있다. 들뢰즈는 더 나아가 이렇게 대문자사건을 살아가는 것이 자유로운 인간 = 혁명가에게만 가능하다고 말하고 있다. 왜냐하면 억압과 폭력, 원한은 개체, 인칭, 집단, 사적인 것으로 말미암아 발생하는 것이고, 그렇기에 대문자사건을 살아가는 것은 모든 종류의 억압과 폭력, 원한으로부터 자유로운 것이고 혁명은 이러한, 억압, 폭력, 원한으로부터 자유로워지는 것을 뜻하기 때문이다. 또한, 대문자사건은 일종의 '우발점'을 형성하며, 이러한 '우발점'은 앞에서 말한 대로 기존의 모든 계열화를 찢고 다시 새로운 계열을 구성하기 때문에, 혁명적이라고 말할 수 있다.

또한 들뢰즈는 《차이와 반복》에서 정확한 이념적 사건을 구성하는 것을 최초의 체에 어떤 것들을 부가시켜나가고 특이점들을 응축시키는 과정이라고 말하고 있는데, 혁명가 레닌이 이런 의미에서 '이념'을 가졌던 사람이라고 말하고 있다. 들뢰즈는 다음과 같이 쓴다.

> "말하자면 각각의 이념은 사랑과 분노의 두 가지 얼굴을 지니고 있다. 파편들의 모색, 점진적 규정, 이상적 부가된 체들의 연쇄 안에서 볼 때 이념은 사랑이다. 반면, 특이성들의 응축 안에서 볼 때 이념은 분노이다. 이 응축은 이념적 사건에 힘입어 '혁명적' 상황의 축적을 정의하고, 현실적인 것 안에서 이념이 터져 나오게 만든다. 바로 이런 의미에서 레닌은 이념들을 지니고 있었다."[185]

이렇게 새로운 플라톤주의는 혁명으로 나아간다. 그리고 이것은 최초의 체에 부가될 것을 결정하고 특이성들을 응축시키는, 결단(Fiat)에 기반해 있다. 이렇게 주사위 놀이는 혁명적 결단과 연관된다.

---

185) 《차이와 반복》, 413쪽

참고 문헌

Badiou, A. trans. Oliver Feltham, Being and Event, Newyork: Continuum, 2012

Deleuze, G., Différence et répétition, Paris: PUF, 1968

_____, Logique du sens, Paris: Minuit, 1969

고이즈미 요시유키, 이정우 옮김, 《들뢰즈의 생명철학》, 동녘, 2003

알랭 바디우, 박정태 옮김, 《들뢰즈-존재의 함성》, 이학사, 2015

_____, 조형준 옮김, 《존재와 사건》, 새물결출판사, 2013

이진경, 《외부, 사유의 정치학》, 그린비, 2009

진은영, 《니체, 영원회귀와 차이의 철학》, 그린비, 2012

질 들뢰즈, 이경신 옮김, 《니체와 철학》, 민음사, 2008

_____, 이정우 옮김, 《의미의 논리》, 한길사, 2015

_____, 이찬웅 옮김, 《주름-라이프니츠와 바로크》, 문학과 지성사, 2004

_____, 김상환 옮김, 《차이와 반복》, 민음사, 2004

_____, 허경 옮김, 《푸코》, 그린비, 2019

_____, 클레르 파르네, 허희정·전승화 옮김, 《디알로그》, 동문선, 2005

호르헤 루이스 보르헤스, 송병선 옮김, 《픽션들》, 민음사, 2011

III

기타 철학자들에 있어서 우연과 주사위 놀이

Ⅲ. 기타 철학자들에 있어서 우연과 주사위 놀이

1. 퀑탱 메이야수의 철학에서 우연과 주사위 놀이

퀑탱 메이야수는 극도의 논리적 정교함과 엄밀성을 가지고 카오스를 옹호하는 유별난 학자이다. 메이야수는 칸트가 '물자체'에 대한 인식을 금지한 이후로 현대 사상을 풍미한 것은 '즉자적 세계'[186]에 대한 접근을 금지하고 사유와 존재의 상관관계 외부에 대한 논의를 철학적인 논의의 장에서 추방시켜야 한다고 주장하는 '상관주의'였다고 말한다. 따라서 이러한 상관주의는 사유로부터 독립된 존재 혹은 독립된 세계에 대한 진술을 '기만적인 형이상학'이라고 배격한다.

따라서 칸트 이전의 철학자들이 형이상학적 '실체'에 대해 말했다면, 칸트 이후의 철학자들은 상관관계에 대해서 말한다. 그리고 "의식과 언어는 20세기 상관관계의 주된 두 가지 '환경'이었다."[187] 오직 의식에 상관적인 것 혹은 언어에 상관적인 것만이 사유될 수 있는 것이었다. 이러한 철학들은 의식과 언어가 '외계'와 관계를 맺는 것은 사실이지만, 이러한 외계는 '절대적 외부'가 아니라, 하나의

---

186) 즉자적인 세계는 사유에 상관적이지 않은 세계를 의미한다.

187) 퀑탱 메이야수, 정지은 옮김, 《유한성 이후》, 도서출판 b, 2010, 20쪽

'유폐적 외부'로서 '의식-상관적 외부', 혹은 '언어-상관적 외부'라고 주장한다. 메이야수는 다음과 같이 쓰고 있다.

> "우리는 실제로 언어와 의식의 외계 속에 갇혀 있는데, 이는 우리
> 가 언제나—이미 […] 거기에 있기 때문이고, 저 '대상들-세계들', 넘
> 어설 수 없는 외재성 전체의 소여자들을 외부로부터 관찰할 수 있
> 는 그 어떤 시점도 갖추고 있지 않기 때문이다. 그런데 만약 저 외
> 계가 유폐적 외부처럼, 그 속에 갇혀 있다고 느끼는 게 충분한 의미
> 를 갖는 그런 외계처럼 우리에게 나타난다면, 이는 사실을 말하자
> 면 그 외계가 전적으로 상대적이기 때문이다—정확히 그 외계가 우
> 리 자신에 대해 상대적이기 때문이다."[188]

말하자면 현상학과 구조주의와 포스트모더니즘의 세례를 받은 "우리"는 '절대적 외부(Dehors Absolu)'를 잃어버렸다는 것이다. 이러한 상관관계의 감옥을 어떻게 벗어날 것인가가 메이야수의 과제이자 문제의식이다. 이것은 언뜻 보기에 불가능해 보인다. 우리는 사유하기 위해서 대상에 대한 의식이나 언어를 가지고 있어야 하는 것처럼 보이기 때문이다.

메이야수는 이렇게 물 샐 틈 없어 보이는 상관관계의 감옥을 벗어날 열쇠를 그가 '선조적인(Ancestral) 진술들'이라고 부르는 것에서 찾는다. 예를 들어 지구가 45억 년 전에 기원했다는 진술은 상관주의 시각에서 보면 무의미한 진술이다. 왜냐하면, 이 진술은 인간이 우주에 도래하기 이전의 상황에 대해서 진술하고 있기 때문이다. 그러나 다른 한편으로 이러한 진술은 과학자 공동체에서 진

---

188) 《유한성 이후》, 21쪽

리라고 상호주관적으로 합의된 입장이다. 그러므로 우리는 상관주의자가 다음과 같은 기이한 진술을 주장하는 것으로 말할 수 있다. "선조적 진술은 참된 진술이지만 그것의 참조물이 그러한 진리가 기술하는바 실제로 존재했을 리 없다."[189]

물론 메이야수가 과학이 지시하는 바가 항상 올바르다는 것을 말하는 것이 아니다. 오히려 메이야수가 말하는 바는 "지구가 45억 년 전에 발생했다"라는 진술을 하는 것이 합법적으로 가능하며, 이러한 진술이 의미를 부여받을 수 있다는 것이다. 반면 상관주의 담론 속에서는 이러한 진술에 의미를 부여할 수 없다. 메이야수가 말하는 '선조적 진술'은 "지구가 45억 년 전에 발생했다."와 같은 수학적 진술, 즉 "생명과 인간을 비워낸"[190] 절대적 외부에 대해서 말할 수 있는 수학적 진술을 의미한다.

어떤 규정된 존재자의 절대적 필연성을 주장하는 것, 즉 이러저러하게 규정된 존재자가 필연적으로 존재한다고 주장하는 것을 메이야수는 독단론이라고 부른다. 예를 들어 신은 무한하게 완전한 존재이며 실존은 완전함이기에 실존하지 않는 신이라는 개념은 모순이며 따라서 신은 필연적으로 존재한다고 주장한 데카르트의 사유는 독단론이라는 것이다. 이러한 주장은 칸트를 비판하는 타격 범위에 들어오게 된다. 칸트는 '존재'는 술어가 아니며 "존재는 주어 개념의 일부가 전혀 아니"[191]라고 주장하며 이와 같은 독단론을 비

---

189) 《유한성 이후》, 37쪽

190) 《유한성 이후》, 41쪽

191) 《유한성 이후》, 50쪽

판한다.[192]

이와 같은 칸트의 주장은 이러저러하게 규정된 모든 존재자의 절대적인 필연적 존재성을 정립할 수 없다는 주장으로 확장될 수 있다. 즉 '이런저런 존재자는 필연적으로 존재해야 한다'는 모든 주장의 진리성을 파괴하는 것이다. 이러한 절대적 필연성은 라이프니츠의 '이유율'[193]에 의해서 모든 존재자에게로 확장된다. 그뿐만 아니라 메이야수는 이러한 '모든 존재자는 필연적으로 그 존재 이유를 갖는다'는 주장을 받아들였을 때 우리는 '자기 원인'으로서의 신과 같은 절대적 존재자를 받아들인다고 말한다. 왜냐하면 '세계' 자체가 그 존재 이유를 갖는다면 이러한 '세계의 이유' 또한 이유를 가질 것이고, 이와 같은 무한정한 회귀를 막기 위해서는 "모든 것의 이유일 수 있는 하나의 이유"[194]가 존재해야 하고, 이러한 이유에 해당하는 'X'의 실존은 자기 자신의 이유이기 때문에 X는 "자기 원인의 자격으로 존재[195]"한다.[196] 즉 이유율은 절대적 존재자의 존재를 받아들이게 한다. 이와 같은 절대적으로 필연적인 존재자를 가정하지 않으면서도 상관주의로 떨어지지 않을 방법은 없는가? 이를 위

---

192) 칸트는 다음과 같이 쓰고 있다. "개념의 규정이란, 주어 개념의 외부에서 보태져서 이것을 확대하는 것이다. 그러므로 규정은 주어 안에 이미 포함되어 있는 것이 아니다. […] 있다 함은 분명히 실재적 술어가 아니다. 다시 말하면 사물의 개념에 보태질 수 있는 어떤 것의 개념이 아니다. 〈있다〉고 함은 사물의 정립일 뿐이요, 혹은 사물의 어떤 규정 자체의 정립일 뿐이다(임마누엘 칸트, 최재희 역, 《순수이성비판》, 박영사, 2021, 451쪽)."

193) 모든 존재자에게는 존재하는 데에 필연적인 이유가 있다는 원리

194) 《유한성 이후》, 52쪽

195) 《유한성 이후》, 52쪽

196) 칸트는 존재론적 증명이 인과율은 오직 현상계에만 적용되기 때문에 틀렸다고 말하지만, 이유율은 현상계의 존재자뿐만 아니라 모든 존재자에게 적용되므로 여기서의 증명은 칸트의 비판으로부터 면제된다.

해서는 절대적 존재자가 아닌 절대적인 무엇인가가 존재해야 한다.

칸트의 '약한 상관주의'는 절대적 존재자로서 '물자체'가 인식 불가능한 것이지만 사유 가능한 것이며 존재하는 것임을 주장한다. 반면 '강한 상관주의'는 물자체가 사유 불가능한 것일 그뿐만 아니라 '물자체'에 대한 논의 자체가 무의미하다고 주장한다. 그런데 이러한 강한 상관주의는 맹목적인 종교적 신비로의 길을 열어놓는다고 메이야수는 말한다. 왜냐하면, 이 강한 상관주의에 의해 신비로운 절대적 존재자는 사유 불가능하고, 그에 대한 논의 자체가 무의미하며 단지 '믿음'의 대상일 뿐이기 때문이다. 즉 절대적 존재자로서 신에 대한 종교적 교리를 논박하는 것은 잘못된 일이 된다. 이와 같은 의미에서 전통 형이상학의 종언은 '신앙절대론'이라는 과격한 종교성의 회귀를 가능하게 만든다. 메이야수는 다음과 같이 쓰고 있다.

> "형이상학의 종언은 절대자에 대한 모든 주장에게서 이성을 몰아냄으로써 종교적인 것들의 어떤 과격한 회귀의 형태를 얻게 되었다. […] 물론 종교성의 현대적 회복은 역사적 원인들을 갖기 때문에 그것을 오직 철학의 변화로 환원시키는 것은 순진할 수 있다. 그러나 사유가 상관주의의 압력에 의해 비합리적인 것이 절대자와 관계할 때조차 비합리적인 것을 비판할 권리를 자신으로부터 몰수했다는 사실은 저 현상의 중요성에 비추어볼 때 과소평가될 수 없다."[197]

이와 같은 의미에서 상관주의, 특히 강한 상관주의를 극복하는 것

---

197) 《유한성 이후》, 73쪽

은 오늘날의 상황에서 단순히 한가한 소리가 아니라 시급하고 중대한 문제에 대한 해결책을 제시하는 것이다. 어떻게 상관주의와 독단론에 동시에 빠지지 않는 철학을 구축할 것인가? 그것은 모든 존재자의 절대적 필연성을 주장하는 이유율을 뒤집어 모든 존재자가 존재하는 데에 있어서 이유가 필요하지 않음을, 즉 "그러한 이유의 부재가 존재자의 궁극적 속성이며, 또한 궁극적 속성일 수밖에 없다는 것" [198] 이라는 주장을 기초로 하여야 한다. 즉 모든 사물은 "실질적으로 다르게 존재할 수 있는 능력" [199] 을 실질적 속성으로 가진다.

그렇다면 이러한 "비이유율"은 어떻게 정당화되는가? 그것은 상관주의가 이러한 우연성의 절대성을 전제한다는 것을 드러냄으로써이다. 상관주의자들은 독단론자를 비판함에 있어서 사물이 독단론자들이 필연적으로 가정하는 바와 '다르게 존재할 수 있음'을 전제하기 때문이다. 이렇게 상관주의가 "비이유율"을 암묵적으로 받아들이므로 '다르게 존재할 수 있음'을 절대화시키는 것은 문제가 되지 않으며 상관주의보다 더 철저하게 논리적으로 사유하였다고 볼 수 있다.

이러한 "비이유율"을 절대적인 원칙으로 받아들이면 "모든 사물의 우연성의 필연성" [200] 이 성립하게 된다. 이러한 절대자로서 '다르게 존재할 수 있음'은 메이야수에 의해 '카오스'라고 불린다. 이러한 카오스의 원리로서 '비이유율'을 메이야수는 '본사실성 (Factualité)의 원리'라고 부른다. 이러한 '본사실성'의 원리는 '비

---

198) 《유한성 이후》, 88쪽
199) 《유한성 이후》, 88쪽
200) 《유한성 이후》, 104쪽

이성(Déraison, 이유 없음)'을 세계의 결함이 아니라 세계를 구성하는 긍정적인 원리로서 받아들인다. 우연은 단순한 결함이나 타락이 아니라는 것이다. 따라서 메이야수의 사상은 들뢰즈식으로 말하자면 '우연의 긍정'이다.

그런데 여기서 하나의 난제가 등장한다. 그것은 이처럼 모든 존재자가 우연적으로 존재하는 것은 자연법칙이 필연적인 것이 아님을 말하고 있다는 것이다. 자연법칙이 우연적이라는 것은 자연법칙이 붕괴되거나 변형될 수 있다는 것을 의미하는데, 이러한 법칙의 붕괴와 변형의 가능성이 있다면 그것은 이미 붕괴되거나 변형되었을 것이고, 따라서 우리 세계의 안정성은 파괴되었을 것이라고 혹자는 말할 수 있을 것이다. 이것은 이른바 '흄의 문제'에 대한 칸트의 대답이다. '흄의 문제'란 다음과 같다.

> "조건들이 일정하다면, 즉 다른 모든 사물이 동등하다면, 동일한 결과들이 동일한 원인들을 뒤따른다는 것을 증명하는 것이 가능한가?"[201]

이러한 질문에 대한 독단론적 대답은 형이상학적 원리를 꺼내 드는 것이다. 독단론은 이러한 형이상학적 원리로 증명을 시도한다. 반면, 이러한 독단론적 원리에 만족할 수 없었던 흄은 동일한 원인이 내일도 똑같은 결과를 생산할 것이라는 것을 이성적으로 증명하는 것이 불가능하다고 결론 내린다. 흄은 차라리 법칙들이 왜 필연적인지를 이성적으로 묻지 않기를 제안한다. 대신 이러한 법칙들의 필연성에 대한 믿음이 어디에서 유래하는지를 물어야 한다고 주장

---

201) 《유한성 이후》, 144쪽

한다. 흄의 대답은 잘 알다시피 습관이나 관행이다.

칸트는 이 질문에 대해 독단론과 회의주의에 빠지지 않는 새로운 대답을 제시한다. 그것은 '불합리'에 의한 증명으로서 귀류법과 유사한 방법에 의한 증명이다. 어떠한 종류의 인과적 필연성도 존재하지 않는다면 "현상적 무질서"에 의해 모든 표상 형식은 파괴될 것이고, "어떠한 객관성도, 심지어 어떤 의식도 지속적으로 존속할 수 없을 것[202]"이라고 칸트는 주장한다. 따라서 "물리적 법칙들이 우연적이라고 가정된다면 어떻게 그것들의 명백한 안정성을 설명할 수 있는지"[203]에 대해 설명해야 한다.[204]

법칙들의 현상적인 안정성으로부터 법칙들의 필연성을 끌어내는 칸트의 주장은 법칙들이 우연적이라면 법칙들이 변형되는 실제적 빈도가 존재할 것이라는 데에 기반을 두고 있다. 즉 법칙들이 우연적이라면 그것은 특정한 확률로 변형될 것이고, '큰 수의 법칙'에 의해 이러한 확률이 실현되는 경우가 존재할 것이라는 말이다. 그런데 이와 같은 '우연의 확률적 해석'은 확률의 개념과 우연성이 구별되지 않음을 가정하고 있으나 메이야수는 이러한 가정이 오류라고 말한다.

그럼 어떤 의미에서 메이야수는 확률과 우연성의 개념이 구분된다고 보는가? 우선 확률은 '가능성의 총체'가 존재하고 이것의 파악이 가능해야 성립하는 개념이다. 이 경우에는 가능 세계들의 '전체'

---

202) 《유한성 이후》, 152쪽

203) 《유한성 이후》, 156쪽

204) 칸트는 실제로 "자기의식의 필연적 통일"로서 통각의 선험적 통일이 곧 "직관 중에 주어진 일체의 다양을 결합"하게 하는 통일이라고 말하고 있다. 따라서 표상된 직관의 통일 없이는 자기의식의 통일성은 존재하지 않는다(《순수이성비판》, 96~99쪽).

가 존재하고 이것의 파악이 가능해야 한다. 이러한 파악이 가능한 우주-전체의 개념이 붕괴되어버리면 확률론적 추론은 붕괴되어버린다.

그런데 메이야수는 예를 들어 사유 가능한 것의 '전체'는 파악될 수 없다고 말한다. "사유 가능한 것의 전체 […] 는 사유될 수 없다."[205] 왜냐하면 사유 가능한 것의 전체 집합이 사유 가능하다면 이 전체 집합은 사유 가능한 집합 중 그 크기가 가장 클 것이나, 이 전체 집합의 부분 집합들의 집합도 사유 가능하며, 이 부분 집합들의 집합이 첫 번째 집합보다 크기가 커져서 모순이 되기 때문이다.[206] 따라서 모든 경우의 가능성이 파악 가능하게 '총체화'된다는 것은 필연적이지 않다. 따라서 확률론적 추론은 필연적이지 않다.

그뿐만 아니라 집합론에서 러셀이 프레게를 비판한 논리를 인용하면 사유 가능한 것들의 전체 집합의 존재 자체를 의문에 빠뜨릴 수 있다. 프레게는 항상 임의의 x에 대한 정식 $\lambda(x)$에 대해 $S = \{ a | \lambda(a) \}$ 꼴로 나타낼 수 있는 집합 S가 존재한다고 주장했지만, 러셀에 의해 $\lambda(x) = (x \notin x)$의 경우에 역설이 발생함이 밝혀졌다. 왜냐하면, 만약 $S \notin S$ 이면 $S \in S$ 가 되고 $S \in S$ 이면 $S \notin S$ 가 되기 때문이다. 이로써 $S = \{ a | \lambda(a) \}$ 꼴로 나타나는 집합이 반드시 존재한다는 프레게의 주장은 붕괴되며 따라서 $\lambda(x)$를 "x는 사유 가능함"으로 잡을 때 사유 가능한 모든 것들의 집합 $S = \{ a | \lambda(a) \}$ 가 존재하는지 존재하지 않는지는 알 수가 없게 된다.

메이야수는 이러한 '탈총체화'에 대한 사유가 '수학적인' 사유에

---

205) 《유한성 이후》, 179쪽

206) 이것을 수학적으로 표현하면 $| p(a) | > | a |$ 라고 표현할 수 있다. 이때 $p(a)$는 a의 부분 집합들의 집합이다.

의해 전개되었음을 강조한다. 절대자로서 카오스에 대한 가장 정교한 사유는 바로 '수학적인' 사유라는 것이다. 메이야수는 다음과 같이 쓰고 있다.

"[…] 문제의 가장 근본적인 지점은 […] 계산 불가능하고 예측 불가능한 사건에 대한 가장 유력한 사유가, 예술적, 시학적, 혹은 종교적 사유가 아니라 여전히 수학적 사유라는 것이다."[207]

따라서 메이야수는 앞에서 '선조적 진술'이라는 절대적 '외부'에 대한 수학적인 진술이 절대적인 것에 대한 사유 가능성을 가짐을 보여주었듯이, 카오스라는 절대적 '외부'에 대한 가장 강력한 사유가 수학적 담론이라는 것을 보여주고 있다는 점에서 일관된다. 즉 '인간과 생명이 배제된' 철저한 수학적 담론을 통해서만 카오스라는 사유의 '외부' 혹은 절대자를 사유할 수 있다는 것이다.

이처럼 우연과 카오스를 절대적으로 긍정한다는 점에서 메이야수는 들뢰즈와 일치하며 또한 이 둘은 모든 규정된 존재자들과 자연법칙들을 파괴할 수 있는 시간성을 전제한다는 점에서 일치한다. 메이야수는 이 시간이 "원인도 이유도 없이 모든 물리적 법칙을 파괴할 수 있다"[208]고 하였으며 "신까지 포함하는 모든 규정된 존재자를 파괴"[209]할 수 있다고 주장한다. 이것을 들뢰즈는 모든 급진적인 변화의 불변의 형식이자 '시간의 텅 빈 형식'으로서 '아이온'이

---

207) 《유한성 이후》, 186쪽
208) 《유한성 이후》, 108쪽
209) 《유한성 이후》, 108쪽

라고 말할 것이다. 이러한 '아이온'의 시간 속에서는 자아, 세계, 신의 일관성이 파괴된다. 또한, 이러한 '아이온'의 시간은 '비이유율'로서 '다르게 존재할 수 있음'이 지배하는 시간이자 무한히 분할되며 끊임없이 가지를 치고 무한한 계열들이 발산되는 카오스의 시간이라는 점에서 메이야수가 말하는 시간성과 통하는 점이 있다.

또한, 메이야수는 자신이 "거대한 외부로부터 사유를 분리시켰을 성벽, 상관관계적 원환이 세운 성벽에 출구를 뚫었다."[210] 라고 말하는데, 이것은 "사유는 재인식 주위를 둘러싸며 닫히는 것이 아니라 우연한 마주침을 향해 열리는 것이라 할 수 있습니다. 그리고 사유는 항상 외부(Dehors)의 기능에 따라 정의되어야 할 것입니다."[211] 라고 말하는 들뢰즈의 주장과 통하는 것이라고 볼 수 있다.

그러나 들뢰즈와 메이야수가 완전히 일치하는 것은 아니다. 메이야수는 다음과 같이 쓰고 있다.

> "우리는 Hasard와 Aléatoire이라는 용어들이 모두 근접한 어원들과 관계한다는 사실을 알고 있다. '주사위', '주사위 던지기', '주사위 놀이'. 그러므로 이 개념들은 놀이와 계산이라는 주제들을 대립된 것들이 아닌, 분리 불가능하게 엮인 것으로 환기시킨다."[212]

메이야수는 이렇게 '주사위 놀이'에 있어서의 계산과 놀이의 결합을 비판하고 진정한 의미의 우연이 이러한 계산 가능성의 '허영심에 종지부를' 찍는다고 말하고 있지만, 예측 불가능한 우연이 도달

---

210) 《유한성 이후》, 106쪽

211) 《디알로그》, 50쪽

212) 《유한성 이후》, 185쪽

할 때 놀이는 끝나고 "진지한 것들이 시작되며"[213] 이러한 놀이는 우리를 "중력을 혐오하는 세계"[214]에 위치시킨다고 '주사위 놀이'를 비판하고 있다. 말하자면 메이야수는 계산 가능성으로부터 벗어난 '순수한 놀이'로서 '이념적인 놀이'에 도달하지 못하고 있으며, 엄숙하고 '진지한 것'의 '중력'으로부터 벗어난 '가벼움'의 놀이를 열등한 것으로 생각하고 있다.

반면에 들뢰즈는 노동이나 계산으로부터 독립한 '순수한' 놀이로서 '이념적인 놀이'가 잠재성으로서 존재한다고 강조하고 있으며, 니체를 따라 '중력의 영'으로부터 벗어난 '가벼움'을 예찬하고 있다.

또한, 질서와 법칙을 파괴하는 "비이유율"로서 카오스에 대해서만 이야기하는 메이야수와는 달리 들뢰즈는 카오스속의 질서로서 'Chaosmos'에 대해서 이야기한다. 이것은 들뢰즈에게 있어서 '존재의 일의성', 혹은 '영원회귀'로 나타난다. 이렇게 카오스와 코스모스가 이항대립을 이룬다고 사유하고 카오스를 택하는 메이야수와 카오스 속의 코스모스로서 'Chaosmos'에 대하여 이야기하는 들뢰즈와는 차이가 있다.

---

213) 《유한성 이후》, 186쪽
214) 《유한성 이후》, 185쪽

2. 알튀세르의 '우발성의 유물론'과 주사위 놀이

알튀세르는 그가 '마주침의 유물론'이라고 부르는 "철학사 속에서 거의 완전히 진가를 인정받지 못한 유물론적 전통"[215]이 실존한다고 주장한다. 이러한 '우발성의 유물론'의 전통의 맨 앞에는 마르크스가 박사학위 논문을 통해 연구한 바 있는 에피쿠로스가 위치한다.

에피쿠로스에 의하면 세계의 형성 이전에는 허공 속에서 원자들이 비를 이루며 평행으로 떨어졌다고 말한다. 이것은 세계에는 어떤 선험적인 목적이나 의미, 이유(Raison)가 존재하지 않았다는 것을 의미한다. 그런데 이렇게 평행으로 떨어지던 원자들은 어떤 한 원자가 미세하게 평행을 이탈하는 '클리나멘'에 의해 서로 마주치게 된다. 그리고 이러한 '클리나멘'은 "어디서, 언제, 어떻게 일어나는지"[216] 모른다. 이러한 원자들의 마주침이 연쇄적으로 일어남으로써 하나의 '세계'가 형성된다. 그리고 이러한 기성 사실의 세계가 재생산되는 과정을 알튀세르는 '응고'라고 부른다. 이런 의미에서 알튀세르는 마주침의 유물론을 "비의, 편의(Déviation)의, 마주침의, 응고의 "유물론"[217]이라고 부른다.

이러한 마주침의 유물론에서 미세한 'Déviation'은 다른 어떤 것에 의해서도 설명되지 않는 가장 기본적인 원리이며, "기원적인 것이지 파생한 것이 아니다"[218]. 그리고 미세한 'Déviation'으로서의

---

215) 루이 알튀세르, 서관모·백승욱 옮김, 《철학적 맑스주의》, 새길 아카데미, 2012, 36쪽

216) 《철학적 맑스주의》, 38쪽

217) 《철학적 맑스주의》, 36쪽

218) 《철학적 맑스주의》, 39쪽

'클리나멘'은 마주침을 가능하게 하는데, 이러한 마주침을 통해 비로소 '추상적'이고 '유령적'인 실존을 갖던 원자들이 구체적이고 현실적인 실존을 갖게 된다.

이와 같은 세계의 형성에 대한 설명은 세계의 합리적 기원, 존재 이유, 목적에 대한 질문을 무효화시킨다. 대신 세계의 기원에는 우연이 지배적이게 된다. 이러한 사고는 기성 사실의 세계를 정당화하려는 모든 이데올로기를 불가능하게 만든다. 현재의 세계는 '우연'으로서의 마주침이 '응고'되어 만들어진 우연의 산물이라는 것이다.

알튀세르는 이처럼 정립된 '우발성의 유물론'을 가지고 마키아벨리와 마르크스를 해석하기 시작한다. 알튀세르에 의하면 마키아벨리가 바라본 당시의 이탈리아는 통일된 민족국가를 이루지 못하고 통일국가의 요소들이 존재했지만 "그것들 사이에 연결이 없다."[219] 라고 하였다.

> "요컨대 이탈리아는 원자화한 나라, 그러나 모든 원자가 인접한
> 원자와 마주침이 없이 자유낙하 하는 나라였다."[220]

마키아벨리에게 있어서는 이러한 원자들의 마주침의 조건을 창출하는 것이 가장 큰 과제였다. 이러한 마주침은 기성 사실의 세계에서는 성립하지 않고 오히려 기성 사실의 세계의 공백에서 발생한다. 알튀세르의 놀라운 마키아벨리에 대한 독자적 견해에 따르면 마키아벨리는 현존하는 어떤 국가도 이탈리아를 통일하는 과업을 달성할 수 없다고 보았다. 마키아벨리는 《군주론》에서 이탈리

---

219) 《철학적 맑스주의》, 42쪽
220) 《철학적 맑스주의》, 42~43쪽

아의 "모든 국가와 모든 군주, 따라서 모든 장소와 모든 인간을 거부"[221] 하고 공백에 해당하는 장소, 즉 당시 통치 질서의 공백 지대와 어떤 당이나 편에도 소속되지 않은 인간이라는 의미로서의 '아무것도 아닌 인간'의 '마주침'에 의해 이탈리아 통일의 장대한 과업이 시작되리라고 보았다. 알튀세르는 이에 대해 "이처럼 주사위들은 그 자체 비어 있는 […] 도박 테이블 위에 던져져 있다"[222] 고 말하고 있다.

실제로 마키아벨리는 체사레 보르지아와 로마냐 공국의 만남[223] 이 이러한 가능성을 가지고 있었으나 아쉽게도 실패했다고 보고 있다. 알튀세르는 이처럼 마주침이 일어나지 않을 수도 일어날 수도 있으며, 순간적일 수도 지속적일 수도 있지만, 인간은 "완성된 사실의 필연성에 입각해서 사고하는 것이 아니라 완성해야 할 사실에 입각해서 사고해야 한다"[224] 라고 말한다. 그리고 이러한 완성해야 할 사실, 그러나 투명하게 판독이 불가능한 '미래'는 '공백' 속에서 도래한다. 즉 모든 원인의 질서와 도덕과 신학이 붕괴되는 '공백'에서 미래가 도래한다. 알튀세르는 결론적으로 우발성의 유물론이 주사위 놀이라고 말한다. 알튀세르는 다음과 같이 쓰고 있다.

"독자들은 이 철학 속에서, 마주침은 일어날 수도 있고 일어나지 않을 수도 있다는 양자택일이 군림하고 있음에 주목했을 것이다. 이 양자택일에 앞서서 사전에 어떤 것도 결정되지 않고 어떤 결정의 원리도 결정되어 있지 않다. 이 양자택일은 주사위 놀음의 장이

---

221) 《철학적 맑스주의》, 43쪽

222) 《철학적 맑스주의》, 43쪽

223) 체사레 보르지아는 교황의 아들로서 로마냐 공국을 하사받는다.

224) 《철학적 맑스주의》, 43쪽

다. "결코 한 번의 주사위 던지기가 우연을 끝장내지는 않으리라."
그렇다! 한 번 마주침이, 그것도 짧지 않고 지속되는 마주침이 일어
났다고 해서, 이것이 내일 이 마주침이 풀리지 않고 지속되리라는
것을 보증하지는 않는다. […] 아무것도 기성 사실의 현실이 이 현
실의 영속의 보증이라는 것을 절대 보증해 주지 않을 것이다. 거기
서 역사는 완성해야 할 또 다른 판독 불가능한 사실에 의한 기성 사
실의 항구적인 폐지, 우리가 미리 어디서, 어떻게 이 폐지라는 사건
이 일어나는지 결코 알지 못하는 채 일어나는 그러한 폐지일 따름
이기 때문이다. 다만 패를 다시 분배하고 주사위를 빈 탁자 위에 다
시 던져야 하는 날이 올 것이다." [225]

이제 알튀세르는 마르크스를 분석한다. 마르크스는 자본주의적 생
산 양식이 봉건적 사회의 내적이고 필연적인 발전으로 세워진 것이
아니라, "돈 많은 사람"과 "노동력을 제외한 모든 것을 박탈당한 프롤
레타리아" [226] 의 우연적인 마주침이 '응고'한 결과로 생성된 것이라고
말한다. [227] 역사 속에서는 이러한 유사한 마주침이 여러 번 있었으나

---

225) 《철학적 맑스주의》, 46~47쪽
226) 《철학적 맑스주의》, 84쪽
227) 마르크스는 다음과 같이 쓰고 있다. "화폐와 상품 그 자체가 결코 처음부터 자본
이 아니듯이, 생산 수단과 생활 수단도 결코 처음부터 자본은 아니다. 그것들은
자본으로 전환될 필요가 있다. 그러나 이러한 전환 자체는 일정한 사정 아래서
만 가능한데, 그 사정은 요컨대 다음과 같은 것이다. 즉 아주 다른 두 종류의 상
품 소유자들이 서로 마주하고 접촉해야 한다. 한편은 화폐·생산 수단·생활 수단
의 소유자들인데, 그들은 타인 노동력의 매입을 통해 자기가 소유하고 있는 가치
액을 증식시키기를 희망한다. 다른 한편은 자유로운 노동자, 자기 자신의 노동력
의 판매자, 따라서 노동의 판매자들이다(칼 마르크스, 김수행 옮김, 《자본론 Ⅰ
(하)》, 비봉출판사, 2015, 978~979쪽)." 자본주의의 시초에서 이 노동의 판매자
는 엔클로저(울타리 치기)에 의해 농토에서 쫓겨나 모든 생산 수단으로부터 분리
되어 도시로 유입할 수밖에 없었던, 그렇기에 봉건적 속박으로부터 '자유로운' 프
롤레타리아트이다.

이러한 마주침이 응고하지 않아 자본주의가 등장하지 못했다. 18세기의 포강 유역의 이탈리아 국가들에는 돈 많은 사람, 기술, 에너지, 실업 상태인 장인들이 있었고 그것이 우연히 마주쳤으나 응고하지 않았다. "거기에는 […] 내부 시장이 결여되어 있었다."[228]

　말하자면 생산 양식은 요소들의 '조합(Combinaison)'으로서 요소들의 지속적인 마주침들이 응고하여 생긴 것이다. 그뿐만 아니라 알튀세르는 이러한 생산 양식이 형성되기 이전에 이러한 생산 양식을 구성하는 요소들은 "떠다니는"[229] 존재자들이며, 이 각각의 요소들은 "한 생산 양식이 존재하도록 하기 위해 존재하는 것이 아니다."[230] 즉 생산 양식의 요소들은 이전의 사회 구성체들 속에서 떠다니다가 우연히 마주치고 이 마주침이 응고됨으로써 새로운 생산 양식이 형성된다는 것이다.

　알튀세르는 생산 양식의 개념이 이와 같다면 "역사 발전의 필연적 법칙"이라는 "역사적 유물론"[231]의 악명 높은 목적론적 도식을 극복할 수 있을 것이라고 말한다. 그런데 안타깝게도 마르크스와 엥겔스는 이러한 "우발적인 관념으로부터 본질주의적이고 철학적인 두 번째 관념으로 넘어간다."[232] 알튀세르는 마르크스와 엥겔스가 이 요소들 각자가 자신의 고유한 역사적 산물이며, 요소 간

228）《철학적 맑스주의》, 85쪽

229）《철학적 맑스주의》, 85쪽

230）《철학적 맑스주의》, 85쪽

231）교조화된 역사적 유물론이란 '생산력'과 '생산 관계'가 한 사회 구성체의 토대를 이루고, 그 위에 법적, 정치적, 의식형태적 상부구조가 존재한다는 이론으로서 생산력의 발전에 따른 생산력과 생산 관계의 모순이 사회변화의 원동력이며, 이러한 생산력의 발전에 조응하는 역사의 발전 단계가 존재한다고 보는 목적론적인 이론이다.

232）《철학적 맑스주의》, 86쪽

에 "어느 것도 다른 것들의 산물이거나 이 요소들의 역사의 목적론적 산물"이 아니라는 우발성의 유물론을 파괴하고 프롤레타리아를 "대공업의 산물"로 보는 목적론적 사고의 어리석음을 보여주었다고 말한다. 이렇게 프롤레타리아를 "대공업의 산물"로 여기게 되면 생산 양식을 구성하는 요소들은 역사 속을 떠돌지 않으며, 모든 것이 미리 완성되어 있는, 즉 구조가 요소에 선행하며 요소들을 생산하는 구도가 만들어진다. 또한, 마르크스에 의하면 부르주아지는 봉건 지배계급에 대한 적대계급으로서 봉건 지배계급의 해체에 따라 산출된다. 그러나 알튀세르는 이처럼 봉건적 생산 양식을 해체할 역사적 역할을 맡는 부르주아지라는 가정이 목적론적이라고 말한다.

> "부르주아지가 봉건적 생산 양식의 산물일 것인 이상, 그 무엇이
> 부르주아지는 봉건적 생산 양식의 쇠퇴가 아니라 강화 쪽에 조인하
> 는 봉건적 생산 양식의 계급이 아니라는 것을 증명하는가?"[233]

알튀세르는 마르크스가 말한 부르주아지는 결국 자본주의적 생산 양식의 다른 요소들을 통일해야 하는 예정된 요소로 설정되어 있다고 말한다. 또한, 알튀세르는 결론적으로 "역사의 필연적 법칙"을 부정하며 법칙들이 이유와 목적 없이 변화할 수 있다고 말한다.

> "이 변화는 뜻밖에 일어나며 […], 주사위들이 불시에 테이블 위
> 에 되던져지거나 카드 패가 예고 없이 재분배될 때, '요소들'이 이
> 요소들을 불의에 새로운 형태로 응고하도록 풀어놓는 광기(니체,

---

233) 《철학과 맑스주의》, 89쪽

아르토) 속으로 내닫게 될 때, 이러한 돌발 사태는 […] 사람들로 하여금 그토록 어안이 벙벙하도록 만든다."[234]

그런데 이러한 알튀세르의 담화는 들뢰즈에게 수용될 수 있다. 우선 알튀세르가 이와 같은 우발성의 유물론을 "니체의 초인에, 영원회귀의 지성에 도달"하는 것, 즉 "모든 것이 반복되며 상이한 반복 속에서만 존재할 뿐이다"[235]라는 것을 아는 것이라고 말하고 있다. 또한 들뢰즈의 〈구조주의를 어떻게 식별할 것인가?〉 라는 논문은 들뢰즈의 사상과 알튀세르의 '우발성의 유물론' 사이의 유사성을 잘 보여주고 있다. 들뢰즈는 이 논문에서 '미규정적이면서 상징적인 요소들' 사이의 '결합'인 '상호적 규정'이 특이점들을 결정하는 '완결된 규정'으로 나아가게 됨으로써 '구조'가 발생된다고 말하는데 이는 구조가 '요소'에 선행하지 않는다고 말하는 알튀세르와 일치한다.

게다가 알튀세르가 중요시하는 '공백' 혹은 '빈칸'에 대한 사유 역시 두 사상가가 유사하다. 들뢰즈에게 있어서 '빈칸'은 '역설적 대상'으로서 구조의 계열들을 돌아다니면서 이러한 계열들을 소통시킨다. 또한, 이러한 '빈칸'은 "차이들을 모든 구조에 분배함으로써", "그 자리 옮김들의 미분적 관계들을 변이시킴으로써", "차이 자체를 분화시키는 존재"[236]가 된다. 구조 자체가 이러한 '빈칸'의 움직임에 의존하게 된다. 이런 의미에서 들뢰즈는 구조주의적 사유가 주체를 부정하는 사유가 아니며 주체를 분산시키는 사유이고 "떠

---

234) 《철학과 맑스주의》, 82쪽

235) 《철학과 맑스주의》, 135쪽

236) 질 들뢰즈, 이정우 옮김, 〈구조주의를 어떻게 식별할 것인가〉, 《의미의 논리》, 한길사, 2015, 542쪽

다니는 기표"로서 유목적 주체를 긍정하는 사유라고 말한다. 이것은 '공백' 속에서 이탈리아를 통일할 '주체'인 군주와 군주국이 마주침으로써 통일국가가 탄생한다고 알튀세르가 해석한 마키아벨리의 주장과 맞닿아 있지 않은가? 그뿐만 아니라 들뢰즈는 이러한 구조주의적 주체로서 영웅인 주인공은 "동일성을 지니지 않는다"[237] 라고 하고 이로써 "구조의 파열을 확보한다"[238] 라고 하였는데, 마키아벨리-알튀세르의 '군주' 역시 어떠한 당이나 편에도 소속되지 않는다는 의미에서 "아무것도 아닌 인간"으로서 동일성을 지니지 않고 기성 사실의 세계를 파괴한다는 의미에서 구조주의적 영웅과 유사하다고 말할 수 있다.

그러나 알튀세르의 '주사위 놀이'는 이미 '좋은 패'와 '나쁜 패'의 구분이 성립한다는 점에서, 즉 승리와 패배의 규칙이 정해져 있다는 점에서 들뢰즈의 주사위 놀이나 이념적인 놀이와는 큰 차이가 있다.

---

237) 〈구조주의를 어떻게 식별할 것인가〉 , 551쪽
238) 〈구조주의를 어떻게 식별할 것인가〉 , 551쪽

참고 문헌

루이 알튀세르, 서관모 · 백승욱 옮김, 《철학적 맑스주의》,
새길 아카데미, 2012

임마누엘 칸트, 최재희 역, 《순수이성비판》, 박영사, 2021

질 들뢰즈, 이정우 옮김, 〈구조주의를 어떻게 식별할 것인가〉,
《의미의 논리》, 한길사, 2015

질 들뢰즈 · 클레르 파르네, 허희정 · 전승화 옮김, 《디알로그》,
동문선, 2005

칼 마르크스, 김수행 옮김, 《자본론 Ⅰ (하)》, 비봉출판사, 2015

퀑탱 메이야수, 정지은 옮김, 《유한성 이후》, 도서출판 b, 2010

철학은 주사위 놀이다

1판 1쇄 발행 2022년 7월 4일

저자 김상범

교정 윤혜원 **편집** 김다인
마케팅 박가영 **총괄** 신선미

펴낸곳 하움출판사 **펴낸이** 문현광

이메일 haum1000@naver.com **홈페이지** haum.kr
블로그 blog.naver.com/haum1000 **인스타그램** @haum1007

ISBN 979-11-6440-993-8(93100)

좋은 책을 만들겠습니다.
하움출판사는 독자 여러분의 의견에 항상 귀 기울이고 있습니다.